Boeken van Adriaan van Dis bij Meulenhoff

Nathan Sid
Casablanca en andere verhalen
Een barbaar in China. Reisverhaal
Zilver of Het verlies van de onschuld. Roman
Tropenjaren & Een uur in de wind. Toneel
Het beloofde land. Reisverhaal

Meulenhoff Editie

Adriaan van Dis

Het beloofde land

EEN REIS DOOR DE KAROO

Meulenhoff Amsterdam

Om de privacy van de betrokkenen te
beschermen zijn veel namen van personen en
plase veranderd

Copyright © 1990 by Adriaan van Dis and
Meulenhoff Nederland bv, Amsterdam
Omslag Zeno, naar een idee van de auteur
Grafische vormgeving Zeno
Druk Tulp, Zwolle

ISBN 90 290 2506 9 | CIP

Inhoud

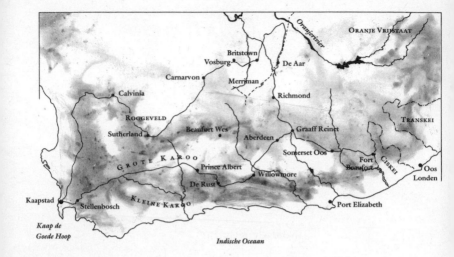

Naar de Boeren

Ik logeer bij Eva Land-man en Sophie is haar bediende. Sophie draagt een witte alpinopet, haar lach maakt haar wangen nog boller. Ze lacht als ze stoft, ze lacht als ze dweilt, ze lacht om haar buik die zo dik is dat ze liggend onder kasten en tafels moet soppen. Om elke voet een plastic zak – ze wil haar schoenen sparen – een lap in haar handen, zwemt ze als een kikker over de vloer. Eva's planken glimmen.

Sophie houdt van Eva, ze noemt haar *Madam*. Eva zegt *Mom*. Eigenlijk heet ze Magxa, dat betekent Schouders.

'Hoe spel je dat?'

'Vergeet mijn echte naam, daar hebben jullie witten geen oor voor.' Ze lapt schaterend door. Haar billen zijn een buffet. Ze danst door de kamers en het is een wonder dat ze niets breekt, want het huis puilt uit van de beeldjes, fotolijsten en schelpen. Eva houdt van vol en van zachte, zoete kleuren.

Sophie ook, ze streelt elk frutsel met haar stofdoek: 'Is het niet mooi? Wat heeft ze een smaak.'

Ik lig lui op de bank, lees *Die Burger* en knip de onzin uit. Sophie kijkt toe en wacht op de snippers. Waar ze net geweest is mag het niet meer vuil.

Twee keer in de week om halfnegen staat ze voor Eva's deur. Ze is om kwart voor vijf opgestaan, verlaat om halfzes haar huis, loopt twintig minuten naar de bushalte, rijdt een halfuur door haar township, loopt nog een stuk naar het station en neemt de trein naar Kaapstad. Om tien voor acht komt ze daar aan en stapt in de bus naar Kampsbaai. Om halfnegen schalt haar lach door de brievenbus.

'Sophie, doe je dat elke dag?'

'Vijf dagen in de week. Ik werk voor drie mensen: twee dagen voor Eva, twee dagen voor Bobby, één dag voor Mario, een Italiaan. 's Middags ga ik weer naar huis en maak avondeten voor mijn dochter. Om halftien naar bed. Dat is mijn leven.'

'Vertel eens over de trein.'

'De trein? De trein is het smerigste ding in mijn leven. Altijd vuil, altijd vol. Ze rijden alleen 's morgens en 's avonds. Wil ik eerder naar huis, dan moet ik met de bus. Van lokasie tot lokasie. Ik woon in Khayelitsha, in de laatste rij huisjes. Daar stopt geen trein, geen bus. Er zijn geen winkels, er is geen bakker, geen slager, geen kruidenier, niets. Ik doe mijn boodschappen in Kaapstad. Elke dag reis ik met een zware tas en met mijn dochter, die in de Bokaap naar school gaat, op een kleurlingenschool gelukkig, ze is zwart maar ze mag nu toch bij de kleurlingen. Ze zit in de eerste klas en weet al meer dan een zwart kind in de vijfde. Zwarte scholen zijn slecht.'

'De trein, vertel me over de trein.'

'De trein is vol, ik moet altijd staan. Mijn suiker scheurt in het gedrang. Van mijn eieren breekt de helft. Er zitten altijd schilfers in mijn omelet. Een vrouw die een ruit in Kaapstad had gekocht, kwam terug met een krant vol scherven. Zo reizen wij. De jongens in de trein roken *dagga*, 's morgens om halfzeven al, uit een flessehals. Ze tieren als dronkemannen. Er is geen politie, niemand controleert de kaartjes. Ik moet altijd staan. Zij zitten, roken en knippen met hun messen en betalen niet voor de trein. Ik wel, 28,50 rand per maand. Bij Mario verdien ik vijftien rand per dag. Eva is *a very good white*, ze betaalt mijn huis af, tweehonderd rand per maand. Ze is als een moeder voor me, zonder haar had ik geen huis. Ze mag het alleen nog niet zien. De muren zijn ruw, geen plafond, geen stopcontacten in de slaapkamer. Een kleine eetkamer, keuken, badkamer, een wc en een binnenplaats van tien bij tien voet. Ik wil niet ondankbaar zijn, maar het dak is van asbest, geen ventilatie, het is klam en als het regent hangen de druppels aan de binnenkant. Ik noem het een stal. Maar ik ben blij dat ik het heb. Want elke dag komen ze bij honderden uit de Transkei. Er zijn geen huizen meer. Ze wonen onder zinkplaten en in dozen. Ik wou licht in de slaapkamer, want mijn dochter moet huiswerk maken, maar ze zeiden: doe je gordijn open. We moeten het doen met de straatverlichting die 's nachts altijd brandt. Ze is de dochter van mijn zuster. Ik voed haar op want ik verdien het meeste geld.'

'En met haar zit je in de trein?'

'Sta. Ik druk haar tegen me aan. Zo vast als ik kan, ze mag niet horen of zien wat er in de trein gebeurt. Dat vreselijke gevloek. Ik heb altijd een bijbel bij me om haar uit voor te lezen als we op een station moeten wachten. Ik doe geen stap zonder mijn bijbel en zonder mijn mes.'

'Een mes?'

'Ja, wil je het zien?' Ze rent de trap af, naar haar tas die nog bij de voordeur staat. Ze komt lachend terug met een kleine stiletto die maar met moeite openknipt.

'Als het gevaarlijk wordt, houd ik hem altijd aan de binnenkant van mijn hand. Met de punt eruit, hier, zo, tegen mijn pols. Ik bewaar hem in het zijvak van mijn tas.' Ze laat zien hoe ze in één tel het mes uit het zijvak trekt, zwaait ermee in het rond en prikt in denkbeeldige belagers. 'Als ze kwaad willen steek ik, zoef, zoef.' Sophie springt als een kungfuvechter in het rond. 'Daar een jaap over je wangen, en jij verkrachter, ik snij je ding eraf.' Haar lach is een verbeten trek, haar vuist wit gebald. Ze houdt het mes een paar centimeter voor mijn gezicht.

'Soms, als ik de trein uitstap, is mijn jurk vies van iets. Op het station staan de vrouwen vaak hun kleren schoon te vegen. De mannen rijen tegen ons op, open en bloot. Heus, dat doen ze, dat doen ze, zwarte mannen gedragen zich als beesten. Kon de bus maar bij het station stoppen, nu moet ik in

Khayelitsha dat hele stuk lopen. Mensen worden daar vaak beroofd. Je ziet schoenen langs de weg, lege tassen, portemonnees, een verscheurde jurk. Vooral vrouwen worden beroofd. Zo gedragen zwarte mensen zich. Het is triest, zo triest, de trein is zo triest. Mijn kleintje mag nooit alleen reizen. Wij zwarte mensen zijn niet allemaal hetzelfde, wij hebben niet allemaal manieren geleerd. Veel zijn onopgevoed. Ik weet niet hoe dat moet aflopen. De meesten hebben nooit gewerkt. Wie zal ze later moeten voeden en betalen? Mensen met school zullen misschien van de veranderingen profiteren, maar de meeste jongens hebben niets geleerd. Daar zie ik geen toekomst voor. Ze hitsen ons op: *Stay away, stay away, don't go to work.* Het zijn slechte mensen. Want als ik hongerig thuis zit, wat gebeurt er dan? Zullen ze mij een stuk brood geven? Zij zullen mijn dochter niets leren.

Ze willen dat we de trein boycotten. Ze maken de deuren van de trein kapot, zodat we allemaal door het raam naar buiten of naar binnen moeten.'

Ze doet voor hoe ze zich door het coupéraam wurmt, gaat met haar buik op een stoel liggen en zwaait met armen en benen. 'Zo wring ik me eruit. Binnen duwen, buiten trekken. Een maand geleden, de dag voor Goede Vrijdag, waren de deuren weer kapot. We moesten er aan de railskant uit, op het perron drongen anderen alweer naar binnen. De vrouw voor mij is toen door een trein gegrepen. Haar hoofd eraf. Arme mevrouw Mbalo. We hebben in de bus gecollecteerd voor haar begrafenis.'

Sophie spartelt nog steeds op de stoel, haar hoofd ter hoogte van mijn sokken. Ik lig nog steeds op de bank, mijn neus op haar in plastic gestoken voeten. Ze kijkt me hulpeloos aan, wiebelt gevaarlijk, de stoel kiepert om. Haar vet breekt haar val en ook een stenen pop. We zoeken lijm. Samen plakken we het monster. 'Ze is gek op die pop. Ik moet het tegen haar zeggen, ik moet het zeggen.'

'Ze zal het niet merken,' zeg ik.

'Nee, het moet, ze vertrouwt mij, ik vertrouw haar. De meeste witten vertrouwen ons niet. Wij zijn vreemden voor de blanken, vreemden in hun keuken, vreemden in hun huiskamer, vreemden in hun tuin. Ze weten niets van ons. Maar zij zijn geen vreemden voor mij. Ik weet precies hoe ze denken. Als ik iets breek dan vinden ze mij een luie, onbetrouwbare zwarte, dat weet ik. Dus moet ik extra eerlijk zijn.'

'Haat je ze niet?'

'O nee, ik houd van de witte mensen voor wie ik werk. Ik vertrouw ze meer dan mijn eigen mensen. Vroeger werkte ik voor meneer Nigel. Ik had een sleutel van zijn huis en op een dag is er ingebroken. De buren zeiden dat ik de sleutel aan de dieven had gegeven.' Ze gaat op een stoel staan, doet voor hoe de dieven een raampje forceerden om bij de deurknip te komen. Weer wiebelt ze, dit keer houd ik haar vast. 'Meneer Nigel geloofde de buren. Mijn hart was gebroken. Ja, meneer Nigel haat ik. Van mij mogen ze hem platdrukken in de trein. Maar meneer Nigel is wit en hoeft nooit naar de lokasie. Ik haat hem, ik haat hem.'

'Misschien wordt het beter als de zwarten het land regeren?'

Ze lacht me uit. 'Ja, ja, als dat gebeurt ben ik allang dood. Misschien verandert er wat, maar ik ben bang dat meneer Mandela alleen maar zijn eigen maag en de magen van zijn familie vult. Ik heb geen vertrouwen in mijn eigen mensen. De enige die ik vertrouw is Eva.'

'Weet Eva wat er in de trein gebeurt?'

'Nee, en je mag het haar niet vertellen. Ze zou zich schamen.'

Een dag later rijd ik met Eva in de auto richting Karoo. Borden wijzen naar Khayelitsha. Ik durf haar niet te vragen bij Sophie langs te gaan.

'Wat betekent Khayelitsha eigenlijk?'

'Gelukkige woning,' zeg Eva.

Ik kijk links en rechts naar de krotten. Eva kijkt star voor zich uit.

Eva Landman is een Afrikaner. Ze heeft me uitgenodigd haar familie te bezoeken. Moeder, broers, zus, ooms en tantes, neven en nichten, echt en aangetrouwd.

De Landmans wonen al negen generaties in Zuid-Afrika. Eind zeventiende eeuw sprong haar stamvader, een matroos op koers naar Oost-Indië, bij de Kaap van boord. Toen hij aan wal kwam, kuste hij de grond en zei: 'Vanaf nu ben ik een landman.' Hij meldde zich bij de Compagnie en vestigde zich een paar jaar later als Vrijburgher in een

vruchtbare vallei in het Kaapland. Hij plantte wijn-
stokken en schreef zijn nieuwe naam in de Statenbij-
bel: Libertas Landman.

De wijngaard verdween onder een groeiende
stad. Eva's tak trok naar de Karoo, het grote binnen-
landse plateau in het midden van de Kaapprovincie.
Karoo is een woord van de Khoikoi (Hottentotten)
en betekent droog of onvruchtbaar. De grond is
rijk, maar de droogte laat er weinig groeien. Het
merendeel van de bewoners zijn Afrikaner schapen-
boeren. De mensen uit de stad noemen ze rauw en
conservatief.

Er is vrijwel geen dorp in de Karoo of er woont
een Landman. De windversleten heuvels (koppies),
bergketens en droge rivieren bakenen hun landerij-
en af. Overal zullen we welkom zijn, ook bij verwan-
ten die Eva nooit heeft gezien, want haar familie laat
zich leiden door Hebreeën 13:2: 'Vergeet die gas-
vrijheid nie, want daar deur het sommige sonder
om dit te weet engele as gaste geherberg.'

Eva's familie boert al tweehonderd jaar in de Karoo en elke man eert in zijn naam stamvader Libertas. Geen oudste zoon is aan het land ontsnapt. Eva
zegt dat je het aan haar bouw kunt zien: armen die
het dolste schaap kunnen keren, klipharde nagels en
een gelooide huid van generaties werken in het
open veld. Een voordeel in haar vak, vindt Eva,
want ze is arts. Ze haalt bij nacht en ontij de dwarste
baby's.

Ik ken Eva uit Nederland. Ze werkte aan haar
proefschrift in Leiden. We vertaalden samen Afri-

kaanse poëzie. Ze was dertien jaar ouder en we raakten innig bevriend.

Na haar promotie keerde ze terug en begon een praktijk in Kaapstad. Zeventien jaar hebben we elkaar niet gezien, voor het laatst in Stellenbosch, het universiteitsdorp nabij Kaapstad waar ik in 1973 een paar maanden studeerde. Doctor Landman was toen een gezeten burgeres geworden. Het contact was moeizaam, toch zijn we altijd blijven schrijven. Naar Nederland wilde ze nooit meer toe. Ze heeft er een hekel aan altijd rekening en verantwoording voor haar land te moeten afleggen. 'In Holland zagen ze me als vertegenwoordiger van een regime, nooit als mens. Ik ging er dingen verdedigen waar ik niet achter stond.'

In het voorjaar van 1990 krijg ik na vele weigeringen voor het eerst weer een visum voor Zuid-Afrika. Verboden politieke partijen zijn gelegaliseerd, Nelson Mandela is vrijgelaten. Witte en zwarte leiders praten met elkaar. In de steden ontstaan 'grijze gebieden', witte straten en huizen krijgen meer kleur. Maar er woedt ook opstand in het land. In Zuid-Natal vechten de Impi's van Mangosothu Buthelezi tegen de comrades van Nelson Mandela. Tegenstanders gaan elkaar met kapmessen en speren te lijf. Mensen, huizen en scholen worden in brand gestoken. De armoe in de zwarte woonwijken van Natal is de grootste in het land. Geen partij weet het geweld te keren. Een burgeroorlog dreigt.

Ook de blanken staan tegenover elkaar. De conservatieven verzetten zich tegen de machtsdelingpolitiek van president Frederik de Klerk. Extremisten roepen op tot gewapend verzet. In Pretoria is een legerdepot beroofd en in Transvaal wapperen de vlaggen met de pseudo-swastika van de Afrikaner Weerstands Beweging. Blanke leiders maken zich sterk voor een wit thuisland. Niemand weet waar dat paradijs moet komen, maar in rechtse kranten en blaadjes lees ik pleidooien voor de Karoo. Daar woont nog de zuivere Afrikaner, de Boer in gevecht met zijn grond. 'Karoo, die beloofde land,' zegt een kop in *Die Patriot*, de spreekbuis van de Konservatiewe Party (KP).

Dus op naar het beloofde land. Sophie zorgt voor de planten. Over de Cape to Cairo road, de droom van Cecil Rhodes (*Your hinterland lies there*, staat onder het beeld van Rhodes in de Compagniestuin in Kaapstad, maar hij is verkeerd op zijn sokkel gezet en wijst naar zee). Nu is het de snelweg naar Johannesburg, achttienhonderd kilometer verderop. Voorbij Beaufort Wes passeren we 'die ou-wapad', waar eens trekboeren en ontdekkingsreizigers van de Kaap naar de Oostgrens trokken. Hier en daar zien we nog een spoor tussen de bosjes.

Uit de lucht verbeeldde ik me een duidelijke streep te zien, alsof de wind een monument heeft geëtst ter herinnering aan de eerste trekboeren op zoek naar weidegrond en wild. Aan hen dankt de Kaapprovincie haar huidige grenzen.

Zeventien jaar geleden liftte ik door de Karoo, razend over de hoofdweg maar verlangend naar een zijpad. Dit keer vloog ik eroverheen en toen het vertrouwde landschap onder mij lag, gebeurde er iets vreemds in mijn hoofd. Mensen die ik in Nederland niet meer uit mijn geheugen kon opvissen, stonden me ineens helder voor de geest.

De bruine jongen in de bibliotheek in Kaapstad, het enige overheidsinstituut waar de apartheid nooit werd doorgevoerd. Hij heette Jacob en hij noemde zich zwart. Ik zat uren met hem op de trap te praten, want in de stad konden we nergens met elkaar eten. Hij haatte de Afrikaners en toch sprak en bestudeerde hij hun taal. Hij onderzocht de 'zwarte geschiedenis' van het Afrikaans en ontcijferde een Arabische religieuze tekst, geschreven in fonetisch Afrikaans opdat de imam zich voor de Kaapse slaven verstaanbaar kon maken. Het is de oudste tekst in het Afrikaans. Jacob wond zich erover op dat het Afrikaner nationalisme zich *die taal* had toegeëigend. Hij zei: 'Ik geloof dat er geen taal is in dit land, behalve dan de uitgestorven talen van de Khoikoi en de San (Bosjesmannen)* die onze ervaringen zo kan benoemen. De mensen, de dieren, het veld en vooral het onrecht.'

* Toen de Hollanders de Kaap in bezit namen, troffen ze de Khoikoi aan de kust en de San in de binnenlanden. De eersten waren langer dan de tweeden. Ziekte, moord en slavernij hebben de twee volken nagenoeg uitgeroeid. Vermenging heeft hun oorspronkelijke trekken vrijwel uitgewist. Omdat het onderscheid tussen Khoikoi en San ook voor geleerden niet meer duidelijk is, spreekt men nu van Khoisan. Een zogenaamde kleurling kan Khoisan-achtergronden hebben, maar is veelal ook ontsproten aan een verbintenis tussen geïmporteerde slaven, zwarten en witten.

Ik hoorde Jacob weer praten en ik hoorde ook de stem van mijn oude hoogleraar uit Stellenbosch: W.E.G. Louw, de enige Afrikaner die bekakt Hollands sprak. En ik zag de gezichten van mijn medestudenten: de slurpende Liza die mij, na één dag in Zuid-Afrika, tijdens de koffiepauze zei: 'Ek hou nie van kaffers nie. Hoe kan ek my assosieer met bobbejane wat nie 'n vurk kan vashou nie.' De stopwoorden van mijn hospita in de Du Toitstraat: 'eeh eeh watse naam' en 'daardie klas van dinge'. En alle ruzies die ik met Eva had.

Haar praktijk in Kaapstad had een voordeur voor witte en een achterdeur voor zwarte patiënten. Ze leek zich zonder wroeging te schikken in de onzin van haar land. Nu heeft ze één voordeur en in haar wachtkamer zitten patiënten in alle kleuren, letterlijk, want bij mijn aankomst zat er een albino neger met een brandwond en een blanke punk met groen haar.

Eva kan zich bijna niet meer in vroeger verplaatsen, maar toen verdedigde ze haar achterdeur: 'Ze willen niet anders. Ze voelen zich niet thuis in een deftige wachtkamer. Ze zijn vaak ongewassen en het is onhygiënisch schone patiënten aan ze bloot te stellen.' Ze had gehoopt dat ik het zou begrijpen, dat mijn kritiek na een paar weken Zuid-Afrika zou afnemen. Ze liet me kennis maken met de complexiteit van haar land, ze reed met me naar de lokasie, nam me mee langs door drank aangetaste gezinnen, liet me praten met onderwijzers (hoger kende ze niet), arbeiders en ongeschoolden die elk geschil met een mes wilden beslechten. Ik kwam in een krot waar een meisje van veertien haar tweede kind van een onbekende vader baarde en Eva zei: 'Er is nog zo'n lange weg te gaan. Ze kunnen niet voor zichzelf zorgen. We moeten ze helpen.' Ik schold op haar helpende hand. Toch hielden we nog ingewikkeld van elkaar en we sloten telkens weer vrede boven tafel en in bed. Ze leerde me bobotie maken, een Kaaps-Maleis gerecht van lamsgehakt met noten, abrikozen en twaalf verschillende kruiden, en ze trakteerde me op ystervark-vel, het speldekussen van het stekelvarken. Een geheim recept van de Landmans en een specialiteit van de Karoo. Vóór ons vertrek heeft ze haar moeder gebeld om een stekelvarken te laten vangen, want het vel moet eerst twee dagen in de azijn. 'Hulle sal die distrik omkeer,' zegt ze, 'ze zien bijna nooit een buitenlander.'

Eva is gespannen. Ze komt nog maar weinig thuis. Een verblijf in het buitenland, haar doctorsgraad en haar intellectuele levensstijl hebben haar van haar familie vervreemd. Ze is de oudste thuis en haar jongere broers en zus schamen zich voor haar geleerdheid, waarom koos ze niet voor een leven op die plaas? Ze was het liefst gaan schilderen. 'Maar,' zegt ze, 'jij kan nie die boere laat betaal dat ek kaal mense teken.'

Eva is ongetrouwd. Een uitzondering onder Afrikaners. De zwarten mogen aanrommelen, wie wit is onderwerpt zich aan het huwelijk. Zuid-Afrika heeft het hoogste percentage echtscheidingen ter wereld. Eva's zus en nichtjes zijn allemaal voor hun twintigste getrouwd en de helft is gescheiden. De meesten wonen op de boerderij – die plaas – of in een dorp. Eva ziet het platteland liever door een lens.

Als we op een winderige heuvel staan en ze naar de zwarte, blauwe en roze schaduwen op de bergen wijst, zegt ze met toegeknepen oog en vinger op de cameraknop: 'Verwacht niet te veel en hou je in. De Karoo is ontvolkt, droogte teistert de boeren. Er zijn al zoveel plase verlaten. Armoe heeft de mensen er niet verlichter op gemaakt.'

'Ik zal schrijven en zwijgen,' zeg ik.

'Je moet kijken en niet zoveel vinden,' zegt ze. 'Aan meningen hebben we hier geen gebrek.'

Mijn vulpen hapert, de wind droogt de inkt sneller dan ik schrijf.

'Wacht tot de warmte je hoofd zacht maakt, pas dan snap je deze wereld.'

Ze bukt en breekt takjes en halmen af, wrijft ze fijn tussen haar handen en laat me ruiken: terpentijn, mimosa, honing, zuring en zout. Deze leegte heet die veld en alles wat groeit zijn bossies, gele en bruine hei-achtige struikjes. Soetgras, rooigras, Boesmangras, klein en wit hasballas (een vetplant met blaadjes in de vorm van hazeballen), bokhorings en kanniedood. Elke spriet roept een herinnering op. Kind-zijn op Swaelvlei (Zwaluwvallei), de familieplaas, tientallen kilometers van een dorp. Daar liep ze de eerste zeven jaar op blote voeten en nu weer moeten haar schoenen uit en knort ze tevreden als het eerste duweltjie, een tweetandig doorntje, in haar voetzool prikt. Een door de wind losgedroogde prikstruik klit zich vast aan haar jurk, "'n rolbos'.

De weg voor ons is een trillend zwembad. We rijden uren door hetzelfde landschap. De borden langs de weg, die naar een pad landinwaarts wijzen, vertellen hoe zwaar het boeren is in dit dorre veld: Houmoed, Droogfontein, Sandkuil, Stoppelvlei, Beskuitkuil, Droëput, Hongerfontein, Taaibos. 'Hier groeit de leegte hoog,' zei Eva's vader over deze streken.

Haar vader boerde achthonderd kilometer verderop, waar als het regent de grond goed geeft. Elke dag behalve zondag reed hij naar de vier uithoeken van zijn plaas, om te controleren dat er geen tiekie van zijn land was afgekaapt. Op een dag vonden ze hem dood naast zijn paard. Hartstilstand, zijn onderlijf was aangevreten door een jakhals. Uys, de oudste zoon, nam de familieplaas over. Niet voor lang, want sinds pa's sterfdag bleef de regen op Swaelvlei uit. Hij verkocht de boel en boert nu aan de oostgrens, op de rand van de Ciskei.

Het vruchtbaarst is hier nog de mens. Of zoals een dronken man ons in een kroeg in Prince Albert zei: 'Geen bok, geen schaap, geen gras, wel veertien kinderen. Ek boer maar op die enigste nat plekkie wat ek ken.'

Waar we stoppen, klagen de mensen over droogte. 'We zijn al vier duim regen achter,' zegt een man in De Rust, 'alle jongeren trekken weg, wat overblijft zijn hotnots. De Karoo verbruint, voor een mens is hier geen bezigheid.'

Wie niet meer boert, werkt aan de weg: seinpalen verven, windpompen repareren, werk dat elders door zwart en bruin wordt gedaan. 's Avonds hangen de mannen in de *take away*. Wit bij de kassa, bruin bij het raam. De Rust is te arm voor gescheiden lokalen. De rijken en de liberalen in de grote stad kunnen met de mond integratie belijden en apart gaan eten. Dit dorp moet één straat, één hotel, één snackbar met alle bewoners delen. Het lukt ze ogenschijnlijk ook nog, maar volgens Eva stemt iedereen KP. Hier is bruin nog een hotnot, zwart een kaffer, al weten ze allemaal beter. 'Pas op vir die kwaai volstruis,' waarschuwt de postmeester me als ik 's avonds langs de struisvogels loop, 'gister het hy nog die binnegoed van 'n kaffer, eh ekskuus tog, swartman uitgetrap.'

Eva vindt dat ik onhandig netjes doe. Ik laat de bruine werksters voorgaan in het hotel, en ze vallen dubbel van de lach: 'Ag nee baas, ag nee baas, toe.' Ik schud handen als een ouderling en de bedienden deinzen achteruit.

Eva schudde haar eerste zwarte hand pas in Amerika, toen ze daar na haar middelbare school een jaar studeerde. 'En ik schreef in mijn dagboek dat hij stonk. Ik schreef het in mijn kinderlijke onschuld en eerlijkheid, als een verdediging voor mijn onzekerheid, alsof die geur alles rechtvaardigde wat in ons land gebeurde. Dat dagboek heb ik nooit meer durven inzien.'

Nog steeds zegt ze je en jij tegen elke pompbediende, die als ze vullen dikwijls Pompie heten en als ze wassen Lappie. Namen die ze elkaar graag onderling geven of die de baas voor ze kiest. Zoals ook de meeste bedienden een mooie Engelse naam hebben omdat de inheemse namen een witte tong doen struikelen. 'Hoe heet je?' vroeg mijn hospita in Stellenbosch aan het nieuwe meisje dat zich kwam voorstellen. 'Simakahle Ndebele, mevrouw.' Haar tong klakte. 'Nou, dat is te moeilijk, ik noem je voortaan Dusty.'

Na een paar dagen zeg ik ook maar je en jij, u is alleen voor de rechter. Er is zoveel waar je je spoedig bij neerlegt in dit land, ook omdat je je in je verzet zo dwaas voelt. Een eigenwijze Europeaan die de mensen hier weleens even zal leren hoe je met elkaar dient om te gaan en die zich stoort aan gedrag dat hij thuis niet wil zien, of die contact zoekt met mensen die hij in zijn eigen land vermijdt. Wanneer sprak ik voor het laatst mijn Turkse vuilnisman?

Langzaam leer ik Oom te zeggen tegen een blanke met wie ik op vertrouwde voet geraak. Oom tegen de boer in Rietbron, zittend op zijn stoep, pijp in de mond en velskoene aan zijn voeten, die vertelt dat hij geen opvolger voor zijn plaas kan vinden. Zelfs zijn knechten weigeren de pacht over te nemen, want 'watter bruinman wil nog op hierdie droëplek kom sit?'

Oom is de man in de koffiekroeg van Willowmore, die over zijn grote liefde vertelt. Zevenendertig jaar geleden in Suid-Wes ontmoet en op de ochtend van hun trouwen op weg naar de kerk verongelukt. Als teken van rouw en eeuwige liefde heeft hij toen zijn ringvinger afgesneden. Hij is al dertig jaar met een ander getrouwd. 'Maar na zo'n tijd kan je een vrouwmens niet meer weg doen.'

'Zoals een vinger?' vraag ik.

'Man, sy is kwaai, sy is 'n dooie been aan my lyf.'

Ik schud ze de hand en ze vertellen mij hun hele leven. Zoals meneer Kingwell, een Engelse boer die met ons door zijn plaasdagboek bladert. De eerste regel is van 1840, geschreven door zijn oupagrootjie, een van de eerste Engelse settlers in de Karoo. Meneer Kingwell *just boers for fun*. Zonen doen nu het werk. Zijn tong schoot hier wortel, insekten noemt hij gogga's, een luie knecht een asgat en als hij zich stoot zegt hij net als alle Afrikaners: 'Eina!'

Het dagboek verhaalt van droogte en voorspoed. In de eerste jaren heeft de dood de overhand: de strijd tussen Boer en San. 'Mijn grootvader zette geen stap op het land zonder geweer. Ploegen, zaaien en oogsten ging altijd gewapend. Hij hield hele lijsten bij van door Bosjesmannen gestolen vee. Wat ze niet uit de kraal kregen, schoten ze dood.' Moeizaam spelt hij het verslag over de Bosjesman die zich in een kuil op de plaas had verschanst. Daar schoot hij op alles wat wit was. Drie boeren omsingelden hem, gebukt achter een schild van koeiehuid. Eén kreeg een giftige pijl door zijn hoed. In drift schoot hij de kleine jager dood. Toen ze hem uit zijn kuil tilden, bleek een van zijn vingers tot op het bot ontveld van het trekken aan de pees van zijn boog. Lang duurde de triomf van de boer niet, want het gif was door zijn haar in zijn huid getrokken. Vijf dagen later stierf hij aan verlamming en koortsen. 'For them the Bushman was wild,' zegt meneer Kingwell.

Hij stuurt ons met twee knechten, Tollie en Jafta, naar de San-grotten op zijn plaas. Hij is zelf te oud voor de klim. Tollie en Jafta rennen voor ons uit. Ze hebben nog de trekken van hun voorzaten, een abrikoosgele huid en prachtige amandelvormige ogen. Geen wonder dat de eerste kolonisten dachten dat ze uit een ver Oosten kwamen en ze Chinese Hottentotten noemden. Waar het pad zwaar is wachten ze lichtgebogen, onderdanig, maar in de grot strekken ze hun rug en groeien zichtbaar als ik gebogen mijn bewondering voor de tekeningen toon. Roodbruine mannetjes tegen een goudgele achtergrond. Jagend, dansend, vechtend of slapend. Boven hun hoofd vliegende bokken, de droom van een jager. Olifanten, buffels, struisvogels. Nergens een plant of een boom, niets dat duidt op een groen verleden.

Vroeger bestond dit land uit moerassen en water. De Karoo was een weids meer, gevoed door noordelijke rivieren die een zee van modder over deze vlakten braakten. Een voedplaats voor miljoenen reptielen, groot en klein. De modder droogde op en verborg hun botten in rotsharde steen. De tekeningen zijn vijf, misschien wel twintig eeuwen oud. Maar hoe oud is de verzameling fossielen wel niet die hier in de grot is uitgestald? Eva bestudeert de beenderen en schedels zoals een chirurg een bot bewondert. Kaken van grasetende draken, van een kruising tussen krokodil en nijlpaard.

'Hoe oud?' vraag ik Jafta.

Zo oud als Van Riebeek, denkt hij.

'Zo oud als de bijbel,' zegt Tollie.

'Magtig, magtig,' Jafta schudt zijn hoofd. 'Zo oud?'

'Tweehonderd miljoen jaar,' zegt een hijgende meneer Kingwell, die het toch te onaardig vond om ons niet zelf rond te leiden.

'Magtig, magtig,' zegt Jafta. 'De Karoo is veel te oud.'

De aarde in deze streek zit vol sporen van het verleden. Een paar jaar geleden vond een bejaarde boer langs het wapad nog een fossiel in de vorm van een schroef en hij was er niet van af te brengen dat de schroef uit de ark van Noach kwam.

Als ik bij terugkomst het stof van de wandeling van me af wil spoelen, krijg ik in de keuken een tik op mijn vingers. 'Nooit je handen wassen onder stromend water,' zegt Eva. 'Eerst zepen, dan spoelen.' Waar eens monsters in de meren baadden, wordt nu het theewater kopje voor kopje in de ketel afgemeten. Ik begrijp ineens waarom ik geen hoteltrap kan opgaan zonder zeegezichten met witschuimende koppen en snotgroene golven, of meren omzoomd door groene sparren en besneeuwde bergen. Luchtspiegelingen van droogtelijders.

We drinken thee met zoute koekjes tussen de dahlia's en de rozen. In bloei dank zij emmers water uit een drie mijl verderop gelegen put. Jafta en Tollie halen ze dagelijks met de donkiekar. Ons respect voor zo veel groen in dit bruin en stoffig dal maakt meneer Kingwell plotseling somber. 'Wie sal oor hier die dinge waak?' zegt hij in gedragen Afrikaans.

'Hoe bedoelt u?' vragen we.

'When they take over.'

Politiek – het onderwerp is onvermijdelijk.

'Niet hier,' fluistert Eva.

'Ach,' zegt meneer Kingwell, 'gaat het in bed goed, dan neemt het tien procent van je tijd, gaat het in bed slecht, dan neemt het negentig procent. En met de politiek is het net zo.'

Het lukt me niet meer ruzie te vermijden. In een frons ziet Eva al kritiek. Het is een landelijke kwaal: wie niet op alle vlakken vriend is wordt onmiddellijk als vijand beschouwd. Zelfs een praatje met een kind is al beladen.

In Aberdeen hoepelen twee bruine kinderen onder een boom. 'Baas dra 'n mooi bril,' zegt de kleinste.

'Dankie dankie,' zeg ik, 'woon julle hier?'

'Ja ons bly in die uitbreiding.' Dat is de lokasie, de kleurlingenwijk buiten het dorp.

In een notedop hoor je de verscheurdheid van dit land. De kleine heet Jonas, de oudste Samuel. Hij is het voorkind, de zoon die de moeder mee in het huwelijk bracht, vader onbekend. De vader van Jonas werkt in die Boland, een vruchtbare streek niet ver van Kaapstad.

'Wat doen jou pa daar?'

'Hy verdien.'

'Sien jy hom dikwels?'

'Een maal 'n jaar.'

'Geniet jy dit?'

'Nee, dan drink hy wyn.'

'En jou ma?'

'Sy het ook eers gedrink, maar sy het dit nou gelos.'

Nu scheldt ze hem uit. 'Pa is baie ongeschik,' zegt Jonas, 'as hy dronk is praat hy polletiek.'

'Waaroor praat hy dan?'

'Oor Mandela.'

'Wat weet julle van hom?'

'Hy gaan vriende maak. Met ons.'

'En die witmense?'

Ze lachen verlegen. 'Hulle gaan oorsee.'

Jonas en Samuel hoepelen het plein af. Om de hoek zingen ze: 'Mandela, Mandela. Sisulu, Sisulu.'

Eva moet huilen. Ze huilt makkelijk. 'Jou blaas is te na aan jou oë,' zei haar vader altijd als ze weer eens snel om iets moest snotteren.

'Misschien wijst Rhodes toch de goede kant op,' zegt ze.

Als de bomen alweer lang achter ons liggen en ik uitkijk naar volgend groen (want Eva zegt: 'Waar bome is is daar 'n plaas'), stopt ze plotseling in het kale veld.

'Springbokken.' Niet één, maar tientallen, tegen de heuvels, hun hoeven als speren gestrekt, hun rug een boog. Ze schieten door de lucht alsof het veld een trampoline is. Bij elke sprong veranderen ze van kleur. Van romp tot nek schittert een haarvleug in de zon. Bruin bij het dalen, wit in hun vlucht. Wit bruin, wit bruin, als kerende handen.

Eva knijpt in haar camera, maar vergeet in de lens te kijken. 'Ze drinken de lucht,' zegt ze.

Ze kunnen dagen zonder water, leven op vetplanten en de bloemen en de blaren van de witgatboom. Vroeger, in die outyd, waar elke bewoner hier zo vol van is, waar zelfs een schoolkind over vertellen kan (er is zo veel 'vroeger' in Zuid-Afrika) trokken de bokken soms bij duizenden door het veld. Weg van de droogte, verlangend naar regen, renden ze naar de kust, door Boesmanland en Namakwaland, over de bergen en stortten zich in zee. Er lagen bergen lijken langs de kust. De Karoo, hoe weids en woest ook, kent nu hekken en wegen, en de springbok trekt niet meer.

'Vreemd dat juist vrijheid ze de dood in dreef,' zegt Eva.

'Nou klim ons die droë Karoo uit,' zegt Eva.

We naderen Groendraai, de plaas van Eva's broer Uys. We rijden op een zwart haartje, een lijntje op de kaart. Zwarten lopen langs de weg. Een vrachtwagen met werkvolk is beplakt met *Welcome Mandela*-stickers. Elk dorp heeft hier zijn Soweto, weggestopt achter een berg. De zwarten zijn de krachtbron, zonder hen zou geen dorp of plaas hier kunnen bestaan.

De bestuurder van een ons passerende Toyota-bakkie denkt daar anders over. Op zijn achterruit staat in duimgrote letters: 'AIDS, the white man's hope.'

Groendraai

Spek en kipper in de morgen, boterlam in de middag en elke avond sosaties en tjops. Voor de tafelloze uren is er droge worst en biltong. De schapen kijken me hier kauwend aan, ik kijk kauwend naar de schapen.

Op Groendraai dampt de keuken de hele dag. Als gast van overzee moet ik het plaasleven proeven. De verse biesmelk-tong achter in de keel en kokhalzend doorslikken. Mpoqoco – inheemse krummelpap. Zwart roosterbrood – in de as gebakken. Zoals mijn grootvader, een Westbrabantse boer, aan tafel kon zeuren over het verschil in kruimigheid tussen een klei- en een zandaardappel, zo proeven ze hier het schaap aan zijn weidegrond. Smakkend en gissend. Zoet? Dan vrat hij boterbloemstengels. Zilt? Dan was het soutbos. Komt die pepersmaak soms van Gannavlei? De bossies trekken in het vlees, in de keuken komt er geen kruid meer aan te pas.

Als ik niet het gekletter van pannen hoor, dan ratelt er wel een worstmachine of klinkt de doodskreet van een kip. Om twaalf uur 's middags eten we warm en om acht uur 's morgens is het al bedrijvig in de keuken.

Het stekelvarken is nog niet gevangen. Er is twintig rand op zijn vel gezet. De schaapherder loopt 's nachts met knuppel en zaklantaarn door het pompoenveld. Het recept is al watertandend besproken. 'Hy moet spierewit skoongeskrap wees,' zegt Eva's moeder, 'as was', en na het azijnbad uren sudderen in de boter.

Groendraai is een vrouwenplaas. Er is wel een baas, Uys, maar hij rijdt in zijn bakkie langs de schapen. Eva's moeder, net tachtig en ongeschonden door de droogte, controleert de boeken en zingt psalmen in de keuken. Schoonzus Ina heeft zich gewapend met een vork om alles wat pruttelt te proeven. Uys prikt ze naar de tafel; daar zit hij, daar kauwt hij, in huis is zijn domein niet groter dan een tafellaken.

Het vrouwelijk personeel kwettert in de keuken, in schort, roze hoofddoek om, de een met een baby op de rug, de ander zwanger. Als ze mij niet voeren, vullen ze de achtentwintig schotels voor de achtentwintig katten en strooien voor de pauwen, de eenden en de ganzen in de vijver.

In huis ken ik de twintig kamers al. De zonkamer, de spens – waar goudgele perzik en adamsvijg met witte pitjes in de potten glanzen en de droge worst in slingers aan de balken hangt –, de ontbijtkamer, de studeerkamer – al is het enige boek hier een kas-boek (in de naam van God en gewin) –, de buitenka-mer, de was-, droog-, naai-, melk- en kolenkamers. Ik weet nu waar Uys zijn whisky verstopt: in de ge-reedschapskamer, achter de schop. Want Eva's moeder, die ik tannie Ma moet noemen, is tegen sterke drank. 'Drank maak gevaarlik,' zegt ze, 'jy vertroetel 'n slang aan jou bors.' Tannie Ma schenkt rooibostee, altijd stoomt er een ketel van dat roesti-ge water. Zo nu en dan sluipt Uys even naar zijn schop.

Ik hou van tannie Ma. Ze is een monument. Ze lijkt op Eva, statig, met zachte ogen en een trotse kin. Om zes uur 's morgens bidt ze een halfuur lang. Haar stem fluistert door de gang. Elk gezinslid wordt in haar gebed gedacht. Na de maaltijd eindigt ze steevast met de zin: 'Dankie Heer vir die groot voorregte wat die land ons geef.' Ik moet ook bid-den, ze ziet er persoonlijk op toe. Mijn ziel heeft het nodig, vindt ze, want 'die een wat bid, vir hom sal gegee word'.

Het meest bidt ze voor de bedienden. Als het haar lukt, vangt ze er twee of drie om in haar kamer 'huisgodsdienst' te houden. Want de problemen in het land komen voort uit het wegvallen van die ou-de gewoonte. Haar schoondochter is ertegen, maar tannie Ma heeft altijd met wit en bruin en zwart 'die boek gevat'. Zingend om het huisorgel. 'Zelfs de hond deed mee,' zegt Eva.

Tannie Ma komt uit een familie van lekepredikers. Grootvader trok met een ossewagen door het veld om de boeren te verlichten. Verdachte fossielen sloeg hij met een hamer kapot omdat hij tegen Darwin was. Aan hem dankt tannie Ma de gave van het lange gebed. De god van tannie Ma maakt geen onderscheid tussen uitverkorenen en waterdragers. Ze heeft zich altijd tegen apartheid in de kerk verzet, een overtuiging die een schisma in haar familie teweegbracht. Haar broer Hendrik is nog van de oude stempel, een fundamentalist die in de wrekende god gelooft en in een onbevlekt Afrikaner ras. Hij zet de stiel van grootvader voort en preekt nu achter op zijn bakkie. Voor hem is de aarde nog plat en op vier pijlers gegrondvest. Hendrik is de verboden oom, in een bezoek aan hem is niet voorzien.

Ook tannie Ma wil de wereld redden met gebed. 'De boeren zijn te materialistisch geworden,' zegt ze, 'ze verloochenen hun god. Zondag in hun mooie kleren, maandag op het duivelspad. De zwarten geloven makkelijker dan wij. De zwarte kerken groeien en de witte staat stil. Alleen de zwarten kunnen ons redden.'

De televisie heeft de huisgodsdienst vervangen. Elke avond na het eten zitten we voor 'die box', links naast het huisorgel. Taart op de knie, met een mond vol, kijken we naar Mandela die met gebalde vuist een stadion in Kaapstad toespreekt. 'Dis nou die einde van die wêreld,' zegt Ina. 'Hij is een zwarte Mozes,' zegt tannie Ma. We zien archiefbeelden waarop premier John Vorster met een zwarte vrouw danst. Tannie Ma mompelt: 'Dans met 'n swart vrou, maar aparte kerke. Waar het jy ooit so 'n achterstevoorom besigheid gehoor. Asof jy jou aan 'n swarte sal vergryp as jy saam met haar bid.'

Ina komt uit Noord-Transvaal. Het leven met bruine mensen kent ze niet, de cultuur van de Xhosa's is haar vreemd. Ze spreekt hun taal niet en de bedienden begrijpen het Afrikaans niet altijd even goed. Ze zijn te trots om uitleg te vragen, en om baas of missus niet te beledigen, wordt een onbegrepen opdracht vaak met zwijgen en rustende handen beantwoord.

Er woedt een stille strijd tussen Ina en de bedienden, tannie Ma staat er biddend tussenin. Wie erboven staat is Beauty, een oude Venda-vrouw, eenzaam en verschrompeld. Ze heeft Ina op haar rug gedragen, haar luiers verschoond, trok mee naar deze plaas en verzorgt nu de kinderen. 'Sy is my kinders se swart ma,' zegt Ina.

Ina houdt van Beauty. Ze eet niet mee aan tafel, komt ook nooit in de zitkamer en steekt alleen haar hoofd om de deur. Beauty zegt niet veel, ze vraagt met haar ogen. Mij heeft ze nog geen blik waardig gekeurd en als ik een praatje wil maken, schiet ze een andere kamer in. Het enige wat ik van haar hoor zijn haar krakende boertjes als ze de tafel dekt, alsof ze op een walnoot stapt.

Heeft een buitenstaander kritiek op Groendraais personeel – buren die er schande van spreken dat de op de rug gebonden baby geen vader heeft of die vinden dat 'die klein swartgoed' niet in de keuken thuishoort – dan zal Ina 'haar mense' openlijk verdedigen. Als ze haar vork even neerlegt, neemt ze een krijtje ter hand en leert de plaaskinderen lezen en schrijven op een groot groen bord. Ze legt geld opzij voor hun scholing en voor de oudsten regelt ze vervoer naar de kostschool in het dorp. Ze heeft alleen geen geduld. Ze begrijpt hun aarzeling niet, hun gelatenheid, hun wantrouwen. Eva zegt: 'Ze denkt dat ze door te geven in één keer het onrecht van generaties teniet kan doen.'

Ina is bang. Soms rumoert er zwart volk om de plaas, dronken uit het dorp. Ze hebben benzine gestolen en al twee keer een schaap, ze zag zwarten met geweren, ze zegt dat er revolutie komt. In de keuken praten ze meer en meer achter haar rug. Ina weet van een pamflet dat in de streek de ronde doet, waarin elke zwarte wordt opgeroepen om voor tien april een blanke te vermoorden. 'Leugens van rechts,' zegt Eva, 'om de angst aan te wakkeren.' Maar later in haar slaapkamer (de deur op een kier, want Eva's moeder waakt over onze kuisheid): 'Die verhalen over een zwarte wraakdag zijn zo oud. Als kind hoorde ik ze al. Op school schreven we de dag dat we zouden worden afgeslacht in onze agenda. Maar al weet ik dat het onzin is, toch droom ik nog regelmatig dat ik me voor zwarten moet verbergen. Er zit een dreigende neger in mijn onderbewustzijn.'

Ina wil wel vertrouwen, maar het lukt haar niet. Je ziet haar tobben. Beauty vertrouwt ze, en bewees ze dat niet de dag toen ze Eva in de Kaap opzocht? Samen met Beauty, arm in arm door de stad. (Ina is er zo bang, verkeerslichten brengen haar in paniek en ze ziet er meer mensen in één oogopslag dan thuis in jaren.)

Ze gingen ook nog bij een nichtje langs en weer samen in de auto terug. Maar toen werd Eva door het nichtje opgebeld. Paniek. Er was een ring met briljanten gestolen. Dat moest die 'bantoevrouw' hebben gedaan. 'Welke weg hebben ze genomen?' vroeg het nichtje. Halverwege zijn ze door de motorpolitie tegengehouden. 'We moeten de bagage van deze vrouw doorzoeken,' zei de politieman, op Beauty wijzend. 'Er is een ring gestolen.'

'Als je haar spullen doorzoekt, moet je het bij mij ook doen. Fouilleer me maar... sy is my swart ma,' riep Ina en de agent droop af. Later bleek de ring gestolen te zijn door een bediende die een week daarvoor wegens zwangerschap was ontslagen. Vijfduizend rand. De bediende had er honderd rand voor gekregen bij een witte heler. Nee, Ina vertrouwt Beauty. Ze zegt het keer op keer.

Ik moest ook mee naar haar huisje onder in het dal. Niet dat Beauty me uitgenodigd had, we gingen zomaar met Eva, tannie Ma en Ina op de thee. Beauty wachtte verlegen op de drempel. Armoe, drie ruiten kapot, de deur uit zijn hengsels. Binnen kaal, twee stoelen en een wankele tafel. Eva, tannie Ma en Ina sloegen de handen ineen, ze bewonderden de kaalheid, de gaten in de sprei, het afgesleten zeil. Tannie Ma wees naar de borden in het rek: 'Weet jy nog?'

'My heerlikheid, staan die goed nou hier,' zei Eva. Alles was eens van hen. Ze liepen door hun eigen verleden. 'En die stoel, heeft pa die poten er niet zelf ondergezet, en ach die pot.' Beauty stond er trots naast.

Ik ben naar buiten gelopen. De vertedering was niet om aan te horen. Eva's excuses later ook niet. Dat Beauty niet om meubels geeft, dat ze haar geld aan andere dingen uitgeeft, of dat haar zoon, die de Karoo voor de zee heeft verruild (van nooit- naar altijd-water), haar geld verzuipt. Beauty heeft haar leven lang witte-kinderstront en -kots opgeveegd met mooiere doek dan haar gordijnen. God wat houden ze van d'r, maar kan de baas nou niet voor één keer nieuwe ruiten betalen?

Wie is die baas? Uys, aan de drank tussen twee vrouwen. Armen tot de elleboog verbrand, hoofd, nek en hals rood tot het tweede knoopje. Een 'boeretan' van op het veld. Daaronder zo wit als een tafellaken.

Als de anderen in de keuken staan, drinken we samen stiekem een glas appelsap – whisky met water. We praten over schapen, en over hoe groot een morgen is, honderd tree bij honderd tree, en over de uitgestrektheid van zijn land, in geen morgen te belopen. 'Ik heb vijfduizend morgen,' zegt hij met een zucht, 'zal een zwarte regering dat accepteren?'

Hij kijkt naar de bergen, ver, ver weg aan de horizon, waar het kopergras glimt. Tot daar is het allemaal van hem. Gekocht uit de opbrengst van Swaelvlei, de familieplaas. Het werd hem daar te droog. Nu stromen er twee riviertjes op zijn plaas, de grond is er nat en geil. Tannie Ma heeft het Uys nooit vergeven dat hij de familieplaas heeft verkocht. 'Elke boom is er door een Landman geplant.'

Uys vond dat hij niet in de schaduw van zijn pa kon boeren. En Ina aardde niet in dat deel van de Karoo. De mensen zijn er bruin en de bergen plat.

'Toen ik hier pas woonde, verlangde ik ernaar achter de bergen te kijken,' zegt Uys, 'om er iets te vinden wat ik niet kende, dat gevoel van de trekboeren. Die verwondering, wat ligt erachter, een meer misschien?'

'Het beloofde land,' zeg ik.

'Nee,' zegt hij, 'daar wonen de zwarten, daar begint Transkei. Dat is Afrika.'

'Jij woont toch ook in Afrika!'

'Zo voel ik het niet. Al heb ik nooit gereisd, ik ken Europa beter dan Afrika. Als ik Oeganda op de kaart moest aanwijzen, zou ik het niet kunnen vinden. Wij leven anders dan in boeken over Afrika. De Karoo was nooit echt zwart.'

Uys verlangt terug naar het noorden van zijn Karoo, naar de weidse wereld waar je van ver kan zien wat dreigt en naar de bruine mensen uit zijn geboortestreek. 'Hulle praat my taal,' zegt hij. Een man als Karel Mes, scheerder en groot messteker. Ou Karel had een keer gevochten, zijn buik was opengesneden, 'die wind het deur sy derms gewaai'. Uys heeft zijn darmen zo goed en zo kwaad als het ging er weer ingestopt en hem naar De Aar gereden.

Daar is hij geopereerd. Een maand later zat hij weer te scheren.

'Nog een van die selfde?' vraagt Uys en hij sloft weer naar de gereedschapskamer.

Tannie Ma komt binnen met een bordje soutpastei. Uys steekt een rietje in de whisky en samen met Ma haalt hij herinneringen op aan 'die volk' op Swaelvlei, waar de rotsen vol Boesmantekeningen zijn en de vrouwen de klapperboud dansten, wat alleen met dikke billen kan.

'Ze waren roekeloos,' zegt tannie Ma. Ou Dawid viel dronken in de hete kolen en verbrandde zijn kruis zodat hij nooit meer kon lopen en zich voortaan op zijn knieën moest voortslepen. 'Hy het gesterf soos jy bid,' zegt tannie Ma. Alleen had Dawid nooit gebeden.

Hij was de oudste op de plaas. Als kind vond hij in zijn geboortestreek een dood hartebees naast het pad, half aangevreten door een leeuw. Aasgieren toonden al hun ongeduld. Dawid besloot de prooi met hen te delen. Hij sneed een paar repen af en op dat moment kwam de leeuw likkebaardend achter een struik vandaan. De leeuw besnuffelde hem en ging naast hem liggen. Als Dawid bewoog, stond de leeuw op, kwispelde met zijn staart en ging weer liggen. De leeuw bewaakte hem als een hond een dief. Dawid probeerde voorzichtig een vonk met zijn tondeldoos te maken, maar elke keer als de leeuw de steentjes hoorde ketsen, stond hij weer op. Drie keer kwispelde de leeuw Dawid in het gezicht. Tot het gras vlam vatte en het dier zich uit de voeten maakte. Dawid was de held van de plaas. De enige man uit de Karoo die door een leeuwestaart was aangeraakt.

'Van Dawid hield ik, en van Karel,' zegt Uys, 'met zwarten heb ik slechte ervaringen.'

'Omdat je geen geduld hebt,' zegt tannie Ma. 'Zwarten moet je langzaam aan onze wereld laten wennen.' Ze hapt in de soutpastei en kijkt misprijzend naar haar zoon. 'Een Landman klaagt niet over zijn bediendes.'

'Niet ik, maar zij zijn ongeduldig,' zegt Uys. 'Nu ze verteld is dat heel Zuid-Afrika van hen is en dat de blanken het land van ze gestolen hebben, willen ze morgen alles overnemen. Ik hoorde gisteren van buurman Scholtz dat er oplichters uit de stad rondrijden met vervalste ANC-pamfletten die de arbeiders voorspiegelen dat ze recht hebben op ons land en vee. Het wordt nu al verkocht, op voorhand en op afbetaling. Die onnozele zielen geloven werkelijk dat al ons bezit hun in de schoot zal vallen. Scholtz ontdekte het toen hij een strook land wilde verkopen. Zijn arbeiders kwamen in opstand en zeiden: "Baas, dat mag niet, straks is het van ons." Het staat nu ook al in de krant.'

'My christendom,' zegt tannie Ma.

'De geschiedenis heeft bewezen dat de zwarten onbetrouwbaar zijn,' zegt Uys. 'De voortrekkers hebben grond van Dingaan gekocht en toen ze het land introkken werden ze door hem vermoord. Je weet toch hoe gevaarlijk ze kunnen zijn? Als ik naar Port Elizabeth rijd, bekogelen ze mijn auto bij de lokasie.'

'Ons sal hulle moet leer bid,' zegt tannie Ma.

'Je kan geen deuken uit mijn auto bidden.' Uys bijt kwaad in zijn rietje. 'Dit land vervalt tot chaos door de kinderen. Zij ballen hun vuisten tegen ons. We doen alles om ze te verheffen, maar wat doen zij? Ze steken de scholen in brand die de regering voor ze gebouwd heeft. Hoe moeten zij ooit dit land beheren? Wat weet een Xhosa van economie? Het is een veevolk. Ze weten niet eens wat geld is, ze hebben geen geldsysteem, alleen beesten. Ze kunnen er niet mee omgaan, ze maken alles op. Ze weten niet wat rente betekent, wat een chequeboek is. Ze betalen nog steeds *lobola* (bruidsschat). De waarde van een vrouw wordt in koeien uitgedrukt. Ze gaan wel naar de stad, komen terug met haarsmeer, zonnebrillen en Mandela-T-shirts, maar daaronder veranderen ze niet. Ze worden nog steeds geïnitieerd, ik zie ze onder bij de bergen lopen, naakt onder een deken, hun gezichten met witte klei ingesmeerd. Ze worden met een speer de natuur in gestuurd en leven weken van de jacht. En zij moeten mijn plaas besturen?'

Ze is in Zuid-Afrika een *ze* van dertig miljoen. *Ze, ze, ze.* Ik hoor het de godganse dag. Iedereen kent *ze,* wil me alles over *ze* vertellen, want *ze* zijn zo anders, *ze* zijn vooral niet wit.

Kennis van de zwarten is gebaseerd op folklore. Ina onderwijst me: 'Een Venda groet nooit eerst, dat is geen onbeleefdheid. Jij moet eerst groeten, dat is beleefd in zijn stam.' En daarmee kent Ina de Venda.

'Zwarten denken niet abstract,' zegt Uys, 'maar tweedimensionaal. Ze kunnen alles goed nadoen, maar ze nemen geen initiatief. Ze kunnen misschien advocaat worden, of dokter, maar in een noodsituatie kunnen ze niet improviseren. Zwarte ingenieurs bestaan nauwelijks. Er is er maar één in Zuid-Afrika.'

Vooral de Afrikaners zijn thuis in dit soort amateurantropologie, zij laten zich erop voorstaan de zwarten beter te begrijpen dan de Engelsen. De Boeren en de zwarten vochten immers om dezelfde grond, en hebben zij beiden niet een mystieke band met de Afrikaanse aarde? Het getuigt zelfs van een verlichte geest zo veel mogelijk wetenswaardigheden over zwarten te debiteren. Het geeft de illusie de zwarten te kennen.

'Alle mensen zijn voor God gelijk,' zegt tannie Ma sussend, 'wij moeten zoeken naar wat ons bindt.'

'De zwarten hebben door de apartheid juist hun identiteit teruggekregen,' zegt Uys, die veel van zijn wijsheid uit de krant haalt. 'Toen de Afrikanen door de blanken verslagen waren, verkruimelden hun koninkrijken, stamverbanden verwaterden, culturen stortten ineen, het werd een sociale chaos. Door de apartheid en de thuislanden werd een Xhosa zich weer bewust dat hij een Xhosa was en een Zoeloe een Zoeloe. Wij hebben ze hun stamtrots teruggegeven, ook al is die misschien voor een deel in verzet ontstaan, en uit die trots zijn hun nieuwe leiders voortgekomen.'

Stedelijke zwarten zeggen Uys niets. Dat er in achterbuurten miljoenen wonen die nauwelijks een band met een thuisland hebben, is niet tot hem doorgedrongen.

'De zwarten schreeuwen het hardst,' zegt Uys, 'maar wie komt er op voor de kleurling? Met hem heb ik pas echt te doen. Er werkt hier een jongen die erop staat zwart genoemd te worden, maar de zwarten laten hem niet toe in hun cultuur. Misschien wel bij het ANC, maar niet in de praktijk. De kleurling weet dat hij een buitenbeentje is in wit Zuid-Afrika, maar dat zal hij ook in een zwart Zuid-Afrika zijn. Ze hebben eigenlijk geen identiteit.'

De dagen van beleefdheid en luisteren worden me plotseling te veel. Alle opgekropte ergernis spuit eruit: 'Wat is dat, Uys? Iedereen praat over identiteit. Wat is de identiteit van de Afrikaner? Drie auto's, een huis met twintig kamers voor drie kinderen en twee vrouwen, een paar kilo vlees naar binnen stouwen en de hele dag over schapen lullen en 's avonds naar de stomste televisie kijken in een huis vol prullen? Je *ball in claw*-tafelpoten, afgekeken van de Engelsen? Je "lappie geil gras" met zes waterspuiten omdat je Wimbledon in de woestijn wilt hebben en geen douche voor je arbeiders? Is dat identiteit?'

'Dis ons taal,' zegt Uys beteuterd.

'Ach kak, Uys, jouw taal is ook de taal van de kleurling. De Zoeloes en de Xhosa's hebben ook hun taal en die staat niet eens op jullie bankbiljet.'

Tannie Ma stuurt ons de tuin in om af te koelen.

Uys nodigt me uit voor een plas op het gras, een gebaar van vriendschap en gastvrijheid onder Afrikaners. Met zijn hoofd afgewend zegt hij: 'Ik lees dat wij nu in dezelfde situatie verkeren als Rusland en Roemenië, waar de onderdrukten in opstand komen. Maar waar moeten we dan heen? De Engelsen hebben het over *home*, ik heb geen home. Waar moet ik heen als het voor mij onaanvaardbaar wordt? Nederland? Ik ben bang om naar Europa te gaan, ik zal al op de luchthaven verdwalen, en dat verkeer... Australië? Ik spreek slecht Engels.'

We klateren, we kijken naar de bergen.

'Er is overal onenigheid onder de Afrikaners. Op de scholen, in de kerk, onder de Boeren. Ik weet niet meer wat ik kiezen moet. Ik weet niet wie er gelijk heeft, ik kies maar voor de man die voor de beste paden zorgt.'

Die avond aan tafel gaat tannie Ma ons voor in gebed. Het ystervark dampt in zoetzure saus. Mierie, de jakkalsjagter, heeft hem gevangen. De pennen zijn er pas uitgetrokken nadat de luizen zijn doodgekookt. 'Hij had vlooien zo groot als mijn nagel,' zegt Ina. En tannie Ma bidt: 'Here neem tog ons angste weg.'

Bij de eerste hap zegt Uys schor: 'Ja, ons is almal bang.'

Mierie is Dutch. Hij bidt elke dag met zijn honden, ook al zegt de dominee van de Dutch Reformed Church dat de bijbel niet voor dieren is geschreven. Waarom zij hem Mierie noemen, weet hij ook niet. Zijn doopnaam is Joseph, hij is lang en heeft de ogen van een adelaar. Op honderd meter schiet hij een erwt van een blik. Toch noemen de boeren uit de omtrek hem allemaal Mierie, misschien omdat als hij met zijn honden over de heuvels loopt, het net lijkt of er een leger mieren door het gras gaat. Mierie werkt hard. Als hij alle vellen van de dieren die hij heeft gedood zou uitspreiden, lag de aarde onder een deken.

Mierie is bekend om zijn sêgoed: wat hij ziet geeft hij een eigen naam. Het einde van de dag noemt hij *geel tand se tyd*, wanneer de lucht zo geel is als de tanden van een dier; een auto is een *gou-ry*, een verrekijker een *ek sien jou*. Mierie kan niet lezen, kan niet schrijven, maar hij praat als een dichter. Vooral over zijn honden, met wie hij dagen achter een jakhals aanloopt. Hij slaapt met ze in het open veld, het zijn zijn kinderen: Kalbas – 'sy pens was 'n bietjie te groot'; Tepels, zo veel geworpen en nu herstellende van een miskraam – 'haar kleintjies het afgegaan met die geboorte'; Haatha, goed voor de jacht – 'sy moet die ding haat'; en Alspraat, die in het veld met de sporen praat.

Als wij Mierie komen bedanken voor het ystervark-vel zit hij fluisterend naast een doodziek teefje. Ze heeft jakhalsgif gegeten. Mierie schiet liever, spant strikken en zet vallen. Gif, dat doen alleen ongeduldige boeren, niet de kring waar hij voor werkt. Mierie bedient vijf plase en doet alles te voet. Maar het is zwaar voor zijn benen: 'Ek raak gedaan.' Zijn leeftijd is hij vergeten: 'My ouderdom is baie diep gebêre,' zegt hij, maar dat slaat op zijn geboortebewijs dat ergens onder in zijn klerenkist moet liggen.

Een leven lang om vier uur op, honden voeren, geweren laden, vallen oliën en dan speuren naar een jakhals. Naar de rode, die het meeste moordt, maar ook naar de bakoor en de zilverjakhals, of naar de maanhaar, want al zijn die onschuldig, Mierie leeft van hun vel. Zijn verdiensten lopen terug, hij vangt aldoor minder. Vroeger moesten de schapen 's nachts nog in de kraal, zo veel jakhalzen waren er. Nu kunnen ze 's nachts vrij buiten lopen, want het meeste wild is uitgeroeid. Zijn grootvader joeg hier nog op leeuw en luipaard. 'Als ik doodga lopen hier alleen nog wilde muizen!'

Mierie kon al jagen voor hij zijn eerste woorden sprak. Als klein kind ging hij achter de dassies aan: 'Ik heb een jakhals in mijn bloed.' 's Nachts krijgt hij een voorgevoel. Dan hoort hij de val in zijn hoofd dichtspringen en weet hij precies welk ijzer een jakhals heeft gevangen. Hij jaagt elk seizoen, 'al lê die kapok wit in die berge', en altijd voor het eerste licht, 'as die son opkom loop ek sommer deur hom'. Maar in het late licht slepen zijn benen en zijn adem piept, net als zijn stervend teefje. Wie zal hem bij het oudworden helpen?

Mierie is hondsalleen, de boeren zeggen dat hij

kalmer aan moet doen. 'As ek stil sit, sal ek heelte-
maal ouer raak,' zegt hij. De kerk heeft hem een
huisje in Cradock aangeboden, maar hij wil niet
naar een dorp: 'Die dorp is maar 'n ding vir die sitte-
ry.' Mierie wil in het dal van baas Uys blijven, als hij
niet meer lopen kan zal hij jagen met een paard. Hij
heeft een hengst met groene ogen, 'soos 'n wit-
mens'.

Mierie dankt God dat hij Dutch is. De dominee
kan mooi praten, over Daniel in de leeuwekuil, over
Noach met zijn dierenboot en over God natuurlijk,
die zielen als vogels vangt, maar zijn huisje wil hij
niet. Nou moet hij de dominee leren schieten, omdat Cradock te gevaarlijk wordt.

'Wat is er dan?'

'Ik weet niet, baas. De mensen zijn er te brutaal.'

'Weet je van Mandela?'

'Hij was op de radio.'

'Ben je blij dat hij vrij is?'

'Blij? Waarom? Ik ken hem niet. Ik weet niet waarom hij in de gevangenis zat.'

'Vanwege de politiek. Hij wordt de eerste zwarte
president.'

'Wragtig.' Mierie lacht, zijn ogen glanzen. Een
zwarte president? Of ik een reuzenmop vertel.

'De zwarte mensen worden de baas,' zeg ik.

'Wragtig.' Mierie aait zijn stervend teefje, kijkt
naar de lucht, naar de God van de Dutch, en zegt:
'Ek sal maar vir 'n swart baas ook moet werk. My pa
het gesê: 'n jakkals bly 'n jakkals.'

Swaelvlei

Een warme wind heeft Eva's dorp in slaap gesust. Het gras in de goten is bruin, de toppen van de bomen zijn verdord. De bordjes 'pas op vir die hond' bengelen roestig aan de hekken. Onze banden zuigen aan het teerpad, hier en daar kraakt een windpomp in een achtertuin.

We rijden langs huizen met gesloten luiken en braakliggend stofland. Aan het eind van de straat lopen twee bruine kinderen. Als ze onze auto zien, rennen ze weg en verstoppen zich achter de witte muren van een half afgebroken gebouw. 'Het gesticht,' zegt Eva, 'zo noemden we de kleurlingkerk. Eenentwintig jaar geleden toen mijn vader in dit dorp werd begraven, stond hij er nog.'

Eva rijdt midden op de weg, slaat linksaf, rechtsaf. Ze leunt voorover en probeert de straatbordjes te lezen. 'Ik ben hier acht jaar school gegaan, maar wie is nu het meest veranderd, ik of het dorp? Waarom herken ik niets meer?'

Ze zoekt naar het huis van tannie Kotze, die samen met haar zoon de mooiste tuin van de streek had. Misschien heeft ze wat bloemen voor haar vaders graf. Tannie Kotzes zoon 'het skuins gedraai', hij is een homo die voor zijn oude moeder zorgt. Hij had haar deur met bloemetjes beschilderd. Maar de tuin is nu een verwilderd perk en het huis staat er verveloos bij. Alleen de steeltjes op de deur hebben het gehouden.

We kijken door de gore ramen, zoonlief heeft al jaren nergens meer een lapje over gehaald. 'Wat is er met mijn dorp gebeurd?' roept Eva. Ze loopt de hoofdstraat in. Rammelt aan de deur van de coöperatie. Dicht. 'Hier kochten de boeren hun zaad.' Het huis van de organist is afgebroken. De juwelier heeft planken voor zijn deur getimmerd.

Een juwelier, in dit dorp?

'Nou ja, hij verkocht horloges.' Ze duwt haar arm onder mijn neus. Een klein gouden horloge, haast verborgen in haar mollige pols. 'Gekregen omdat ik bleef leven,' zegt ze lachend en ze neemt me bij de hand, loopt even als een kind, half dansend, de ene voet voor de andere, en duwt me tegen de vensterbank van een klein huisje met zachtgroene luiken. Ze bonkt op de deur, loopt achterom en keert zenuwachtig lachend terug. 'Hier kunnen we gelukkig hardop praten. Die zijn ook vertrokken. Het is een wonder dat deze muren niet wit zijn uitgeslagen. Ik heb in dit huis weken en weken gehuild. Hier heb ik van mijn zevende tot mijn negende gewoond, toen ik voor het eerst het huis uit moest om naar school te gaan.'

We zitten voor de deur van oom Isak en tannie Sop... soep omdat ze tussen de middag voor de hele school soep kookte. Het waren armblanken. Oom Isak had één long en schoffelde wat in zijn tuin en tannie Sop had een skroefbors, een hijgend hart of zo. Ze leefden van haar soep en ván Eva. Dit was haar kosthuis, zondagavond gebracht en vrijdagnamiddag gehaald. Twee jaar lang heeft ze elke schooldag gehuild.

'Ik lustte hun eten niet, hun bokmelk, hun brood, hun pezige kip. De lakens roken zuur. Al na een week bracht ik mijn eigen velkombers mee – een deken van schapevel – en omdat ik ook hun eten niet meer at, dronk ik mijn eigen plaasmelk, kreeg mijn eigen biltong mee en boerewors. Niets van wat zij hadden mocht mij aanraken. Bij de post belde ik elke dag naar huis en huilde dan een kwartier door de telefoon. Die mensen leefden zo anders. Ik was nog nooit langer dan één dag van mijn ouders weggeweest.

's Avonds in mijn bed snoof ik aan mijn velkombers en dan liep ik weer op Swaelvlei, hier zestig kilometer vandaan. En ik dacht aan mijn moeder die 's morgens met een oud hagelgeweer tussen de bomen hurkte om eenden in de dam te schieten. Zij was onze wekker. En mijn voeten verlangden naar warme as, waar ik na het ontbijt met mijn broers en met de kleinkinderen van Dawid, onze oude knecht, naar knopen, stukjes gekleurd glas en botten zocht.

Tot ik met mijn vader mee mocht. Schapen tellen

of mee op jacht. Korhoenders schieten die het pas-
gezaaide koren uit de achtervelden pikten. Voor op
zijn paard, de dauw blonk nog op de wilde twakbomen, langs de honingbijen die om hun korven
zoemden, en dan werd ik pas goed wakker. Hij
knalde de kogels zo langs mijn oor. De vogels werden met hun poten aan elkaar gebonden en om mijn
nek gehangen. Als ik weer thuiskwam leek ik zelf op
een dikke vogel.

Weggerukt uit Swaelvlei verpieterde ik in dit
dorp. Ik wilde niet leren, ik verlangde naar mijn
vriendjes op de plaas. De schooljuf, mevrouw Tid-
marsh, wilde me Engels leren. Engels! Ik wou geen
Engels. Maar ik moest van mijn vader, want in die
"voorwêreld" moest ik me ook kunnen redden. En
Tiek en Bokkie en Awie dan? Hoefden die geen Engels? Nee, ik moest slim geleerd worden. "Ons witmense kan nie laat slap lê nie," zei mijn vader. Als de
witmensen niet leerden zouden ze hun land verlie-
zen, dan zouden ze de knechten van de bruinen en
de zwarten worden. Hoe zou je het vinden als je op
een dag voor de kleinkinderen van ou Dawid moest
werken? Nee, Engels zou mij redden. Mijn Ma zei:
"Jy kan nie altyd aan my rok band vashou nie." Ik
zou scheefgroeien als ik niet leerde op mijn eigen
benen te staan.

Voor de klas was het ideaal. Alle meisjes werden
onderwijzeres, om later een boer te trouwen en
taart te bakken voor de kerkbazaar en het plaasvolk
te leren lezen en schrijven, zoals mijn moeder had
gedaan. Nooit eerder werd er zo veel van mijn witte
vel verwacht.

Tannie Sop en oom Isak voelden zich ver boven bruin verheven. Ook boven Koos de bouwer, die hier op het bovendorp woonde – de wijken waren toen nog niet naar kleur ingedeeld. Koos was de enige die een huis met een verdieping bezat. We kenden hem thuis goed, hij had onze klipstoep gebouwd. Tiek, Awie en Bokkie waren ook trots op hem omdat hij een van hen was en omdat hij een lorrie had. En ik was trots want ik mocht altijd voorin als we hem tot het hek uitgeleide deden. Het kind van de baas op de beste plaats, de anderen achterop. Maar tannie keek neer op een klipstoep, haar huis lag aan een straat.'

Eva staat op en schopt het gruis van het verweerde asfalt los. Ze is fors geworden in de jaren dat ik haar niet zag, maar haar gezicht heeft nog dezelfde fijne lijnen en die kwetsbare ogen. In Nederland sprak ze een 'aangepast bargoens' en moest ik haar op taalfouten wijzen. Nu lacht ze om mijn kromme Afrikaans en gebruikt met opzet woorden 'met die klankie en die stankie van die plaas'.

'Wij hadden de mooiste stoep uit de omgeving, met een bloekom en soetdoring ervoor, en uilen in de gele wallen van de dam, ruige valleien aan de andere kant van de rivier, een kraal met muren van koemest. Tannie Sop vond onze wereld maar doods, voor haar was dit dorp een stad.

Maar Swaelvlei was zo doods als een pissebed onder een tegel, het leek doods in de zomer, als de blauwe hemel het leven platdrukte, maar zijn hart heeft altijd geklopt, vooral in de zaai- en oogsttijd, na de regens als de droge rivier vol water stond.

En het was ook geen eenzame wereld. Oma's, opa's, neven, nichten, bruine kinderen, zwarte schaapscheerders, paarden, ezels, bokken, schapen, koeien, kalkoenen, honden, katten, bavianen en een makke kraanvogel, twee struisvogels, het was overvol. En alle boerderijen in de omtrek waren vol. Draaivlei, Skuinsrivier, en verderop... Bothasdal, Skilpadskuil, Wolfskraal, allemaal oude plase, overal volk, overal mensen.

Ik vond het dorp een dooie plek, op de plaas bleef mijn neus scherp van kruidige bossies en mijn ogen scherp voor een slang op het pad. En ik zat niet op een bank in een schrift woorden te spellen. B-r-e-a-k-f-a-s-t, good morning – toch anders dan brekfis en môre. Daar liep ik met een zaaizak op het geploegde veld, ik zaaide in een gootje, mijn vader en mijn oom Hansie deden het wijd. Ze sproeiden het koren over de klamme grond, en was een klein stuk klaar, dan hielp ik de ezels in te spannen – het zaaigoed moest bedekt. Ook al beten en trapten de ezels je schenen rauw, iedereen deed daar aan mee, meisje, jongen, wit en bruin. De eerste ploegdag was een feestdag. En het ploegen moest snel, van zonsopgang tot schemering, dag na dag. Tijd om te zitten namen we niet, want het was een strijd tegen de zon en de wind. Als de grond droog is, is hij droog en dan is het te laat. En ik werd zeven jaar oud achter de ploeg gezet, op een tweeschaar achter een span van zes, over mijn zelfgezaaide voren. Mijn Pa zei: "Ons moet jou aan die grond vasmaak."

En zo voelde ik het ook. Ik zat vast aan die plaas en we waren één met alle mensen.

In dit dorp kon ik niet aarden. Op een dag werd ik ziek. Griep, dacht tannie Sop. Ze gooide nog een zure deken over mijn velkombers. De warmte zou het kwaad er wel uitzweten. De volgende dag ratelden mijn tanden en tolden mijn ogen. Tannie Sop haalde haar hele medicijnkast leeg. Haarlemmerolie, Harmansdrup, Jamaica-gember, alle boerenmedicijnen die haar kast maar bood. Veel slikken, maar geen dokter. Toen ik steeds maar moeilijker ademde, haalde ze de dokter er pas bij. Ik had een longontsteking en moest naar het ziekenhuis in De Aar. En snel. Maar de auto van de dokter was kapot. Al was het tachtig kilometer, je deed er twee uur over. Niemand kon me brengen, iedereen was naar de schapenshow. "Koos de bouwer heeft een auto," zei de dokter. "Die vent zal haar verkrachten," zei tannie Sop, en het enige wat ze deed was hande vat met oom Isak, in mijn bezwete handje knijpen en tot God bidden. De dokter belde toen mijn vader en die heeft gesmeekt mij door Koos bij die mensen weg te laten halen. Ze zouden me liever hebben laten doodgaan dan een gunst aan een bruinman vragen.

Na mijn genezing ben ik daar meteen uit huis gehaald. Maar het leek wel of ik onder die dekens ook mijn heimwee naar de plaas had uitgezweet. Ik wilde heel graag Engels leren en alle sommen maken om later dokter te worden. Nooit meer de smaak van Haarlemmerolie en achterlijke boerenmiddeltjes.'

Eva tikt op haar horloge. 'Dit doe ik natuurlijk nooit meer af.'

We lopen naar de auto en rijden nog één keer door het dorp, op zoek naar het huis van Koos de bouwer. We zien het twee keer over het hoofd – het was te zeer gegroeid in haar herinnering. Maar een verdieping heeft het, zelfs een klein balkon en het gras is er groener dan bij de buren. Ook mort er wat leven in de straat. Een radio staat aan, iemand knipt een heg.

Eva pakt haar fototoestel en loopt naar het huis. Na twee foto's opent een vrouw de voordeur. Wit, en heupen als een schapekont van alle koek en taart. We groeten beleefd. Waar is Koos? Naar de Kaap. Volgens de wet op de groepsgebieden mocht hij hier niet langer wonen. Alle kleurlingen en zwarten, hoe rijk ook, moesten naar het onderdorp. Koos was zeker te rijk en is voorgoed vertrokken. Terug in de auto zegt Eva dat het allemaal onder Verwoerd is gebeurd: 'Daardie dom Hollander.'

We rijden naar de brug over het kleine beekje dat het bovendorp van het onderdorp scheidt. Het lijkt er nog warmer, de ventilator blaast fijn zand de auto in. Ik draai mijn raampje wijd open.

'Doe dicht,' snauwt Eva.

'Waarom?'

'Het is te gevaarlijk.'

'Ach, stel je niet aan.'

Een groepje schoffies komt een zijstraat uit. Ze

dansen op de muziek van een draagbare radio. Eva keert met slippende banden en rijdt volgas terug, het witte dorp in. 'Ik heb geen zin om mijn auto met stenen te laten bekogelen.'

Ik draai het raam woedend dicht, sla de zonneklep hard tegen de voorruit en kras wat boze zinnen in mijn aantekenboekje.

'Eén met alle mensen,' zeg ik als we buiten het dorp zijn.

Eva krijgt tranen in haar ogen. We rijden zwijgend verder. Plotseling stopt ze en keert de auto. 'Terug, ik ben het graf van mijn vader vergeten. Daar wacht jouw ideale Zuid-Afrika. Op de nieuwe begraafplaats liggen alle kleuren door elkaar.'

Eva huilt weer. Pa Landman had gelijk: haar blaas is te na aan haar oë.

Het weer huilt ook. Plotseling zien we links boven de bergen mistige grijze wolken en strepen grijs tegen de bergen hangen. 'Streepregen,' zegt Eva hees. 'Nu bidden alle boeren voor een landsregen. Nu wil ik ook naar Swaelvlei...'

Eva wil naar alles terug, als een zwaluw die de zomer ruikt. Langs het pad dat ze tien jaar lang elke maandag en elke vrijdag reed. Dezelfde slinger zit nog in de bochten, langs dezelfde hekken. Zelfs de schaduw van de stenen wallen waar schaapherders destijds koelte zochten, heeft volgens haar nog dezelfde grillige vorm.

Eva zit op de punt van haar stoel. Haar stem is hoger, opgewonden noemt ze alles op wat ze ziet. Ze lijkt weer het kind dat op haar vaders schoot het stuur mag vasthouden.

In de verte ligt het huis van een rijke Afrikaner boer, de enige in de contrei die overzee was geweest. Ze waren kinderloos en wisten van de wereld, ze dronken thee uit blauwe kopjes met een gouden rand en voor het raam stonden bokalen van Boheems glas. Iedereen sprak er schande van: goud aan hun lippen en geen nageslacht. Toen Eva naar de universiteit ging kreeg ze van hen haar eerste flesje parfum. *Femme*. Bezoeken heeft geen zin. De plaas is al jaren verlaten, ze zijn allebei dood. Uit de erfenis kreeg Eva een hangertje met een ivoren wortel, een vruchtbaarheidssymbool.

Muggen en vliegen klitten op onze voorruit. De donkere wolken drukken al wat vliegt omlaag en bliksems schieten achter de randen van de verre bergen. Voor ons loopt een zwarte man met een blauwe plastic jerrycan op zijn hoofd. Hij kijkt niet op of om, hij draagt de jerrycan als een kroon. Balthasar in de Karoo. We rijden hem voorbij, Eva kijkt in haar achteruitkijkspiegel en ziet haar ideale foto. Ze stopt, pakt haar camera en loopt op de man af. Ik blijf bij de auto en krab wat zilveren vleugels weg.

Maar Eva neemt geen foto. Ze danst om de man en de man danst om haar. 'Nee, Elias.' 'Nee, miesies.' 'Hoeganet, hoeganet.' Ze lachen en slaan elkaar op de handen. De jerrycan klotst, zwenkt en pas als ik naderbij kom neemt Elias hem af, als een groet zet hij zijn last op de grond.

Elias is een knecht van Pa geweest. Ja, hij weet nog alles van baas Kallie, ze hebben samen een jakhals doodgeschoten en o wat kon de baas kwaad zijn als Elias dronken was. 'Die baas hield niks van bier,' zegt Elias lachend, en hij wijst naar het sorghum dat uit de prop van de jerrycan schuimt.

Elias is op weg naar Swaelvlei. We nemen hem mee, hij wil ons alles laten zien, zijn nieuwe baas is met het hele gezin naar Bloemfontein. Ik sta erop dat hij naast Eva zit, maar hij weigert. Liever kroop hij met zijn jerrycan in de kofferbak dan naast de miesies. Met moeite schikt hij zich op de volle achterbank. Eva en Elias lachen elkaar toe in de achteruitkijkspiegel. Hij met zijn gele doorrookte tanden, zij met haar grote waterige ogen.

Elias vertelt van zijn omzwervingen. Na jaren is hij terug op Swaelvlei. Hij is een Xhosa, zegt hij mij trots, en wilde een tijdje naar zijn eigen mensen. Zijn zoon moest man worden en dat kon niet hier in de Karoo. Dit is geen streek voor zwarte mensen, te veel hotnots, maar nu zijn zoon een toekomst in de Transkei heeft, trok hij weer terug naar de streek die hem zo veel jaren werk bood. Hij weet van baas Kallies dood, hij heeft zelfs nog even onder Uys gewerkt. Nu is zijn baas een Engelsman.

Eva zucht. Weer zo'n Engelsman met geld. Een ingenieur nog wel. Hij liet een koelcentrale bouwen en legde een lijn naar de spoorbaan aan. 'Dit is geen plaas meer maar een vleesfabriek,' zegt Elias.

'Als ze niet oppassen nemen de soutpiele hier alles over,' zegt Eva. Soutpiele? Ja, zo noemen ze hier de Engelsen, die altijd maar zeuren over home, home en overseas. Ze wonen met één been in Zuid-Afrika en één been in Engeland en hun piel pekelt boven de oceaan. 'Inkruipers worden ze ook wel genoemd,' zegt Eva. 'Ze boeren goed, maar anders. Ze spuiten met chemicaliën en bouwen plastic tunnels tegen de vorst. Wij gaven de perziken nooit water, daar werd het fruit beurs van.'

'Nu gaan ze groen de trein in,' zegt Elias. Hij trekt er een vies gezicht bij. Hij houdt niet van fruit en hij eet nooit groente. Daar krijg je een slappe buik van. Dat is kost voor witte mensen...

'Xhosa's kunnen niet tuinieren,' fluistert Eva alsof Elias het niet horen zal, 'ze weten alles van vee, kennen elk dier aan zijn vel, maar ze kunnen nog geen appel van een peer onderscheiden.'

Het valt me op dat Eva weer in de oude taal vervalt. Als we om haar huis lopen, de zesentwintig kamers tellen en ons gezicht tegen het venster van de voorsitkamer drukken waar alleen die grand mense mochten zitten en waar zelfs de bedienden geen toegang hadden omdat daar het zilver werd bewaard, praat ze weer over 'die volk' en 'bantoes' en over 'outa' Dawid, een term die jonge mensen zelden gebruiken en die over het algemeen door bruine mensen niet meer op prijs wordt gesteld.

De blijheid is van haar gezicht verdwenen. De wilde twakbomen zijn omgekapt, de klipstoep is verbreed en gedeeltelijk van beton, de valleien zijn in cultuur gebracht en de kralen met koemestmuren

zijn niet rond meer maar vierkant en van kil staal-
draad. Er zijn schuren bijgebouwd en nieuwe huisjes voor het personeel, groter, maar toegesmeerd
met lelijk grijs cement.

'Vroeger kon je hun baby's horen huilen en el-
kaars lach over en weer,' zegt Eva. Nu liggen de
huisjes verderop en missen ze de schaduw van de
eucalyptusbomen. In de winkel waar het plaasvolk
tegen kostprijs kleren en eten kon kopen staat nu
een rode tractor. De oude ploegen liggen ergens
achter op de vaalt. Eva schudt aanhoudend met haar
hoofd. Elias schudt mee. Ze pakt een blauwe steen
en stopt hem in haar tas. 'Kom, we gaan, ik word
hier heel droevig.'

'Je hebt me nooit verteld dat er ook zwarte mensen op Swaelvlei werkten,' zeg ik.

'Het waren er zo weinig dat ik ze helemaal was
vergeten.'

Elias had nog graag de jerrycan met ons leegge-
dronken, maar Eva's stemming is niet naar plezier,
en de lucht ziet er te nat uit voor dorst. We nemen
afscheid en rijden naar de bijenkorven; ook weg. De
Engelsman heeft er nu een stinkende kippenren gebouwd.

'Mijn Pa hield ook kippen,' zegt Eva, 'daar zorgde een bantoejongen voor, een voorkind van Elias
of een neef, ik weet het niet meer, ze woonden allemaal zo door elkaar.' Ze start de auto weer en zegt
boven gekakel en geraas: 'Ik zou veel van wat er in
mijn familie gebeurde willen vergeten. Ik ben niet

overal trots op. Er zijn zo veel dingen waar ik me voor schaam.'

En als Swaelvlei al weer ver achter ons ligt, zegt ze: 'Die kippenjongen was trots en brutaal. Hij keek altijd naar ons meisjes op een manier die onzeker maakte. Mijn Pa had hem daar een paar keer over aangesproken. Er was een soort afspraak dat zwarte mannen je niet in de ogen keken; die jongen deed dat wel, recht in onze ogen. Hij had niets onderdanigs, zoals de kleurlingen.

Hij was er trots op nog nooit door een blanke geslagen te zijn. Mijn zusje en ik vonden hem eng en spannend tegelijk. Mijn vader en de bijwoner die we toen hadden, oom Connie, een beetje zielige man die dronk, hadden een hekel aan hem. Erg goed voor de kippen zorgde de jongen niet. Er gingen er steeds dood, we vonden ze doodgebloed in het hok. Niemand wist hoe het kwam. Een slang? Maar dan een die ze niet opvrat. Die jongen, ik weet echt niet meer hoe hij heet, had al een paar keer op zijn kop gekregen, maar de kippen bleven doodgaan. Tot oom Connie zich een keer 's nachts in het hok liet opsluiten toen mijn Pa en Ma voor een week naar de Kaap waren. Hij heeft die jongen betrapt: het bleek dat hij die kippen eh... gebruikte. Hij duwde ze van achter op zijn geslacht en gooide ze na zijn gerief weg.

Oom Connie heeft die jongen naar buiten gesleurd en onder veel kabaal afgetuigd. Het was al laat, maar we werden er allemaal bijgeroepen. Dawid, Tiek, Bokkie, Awie, mijn broers, zusje, en Katrien, de kindermeid. Al zijn haren werden uit zijn hoofd getrokken, en toen er geen haar meer op zijn hoofd zat ook zijn wenkbrauwen en het haar tussen zijn benen. Die jongen gilde het uit. Mijn oudste broer moest op bevel van oom Connie de jongen aan de ezelskar vastbinden, zijn enkels aan het achterwiel, zijn polsen aan het voorwiel. Ik keek niet meer, hoorde alleen het geschreeuw. Connie trok een mes en sneed zijn teelballen eraf. Niemand stak een hand uit. Dagenlang hoorden we het gekreun uit een van de huisjes.'

'En jullie deden niets.'

'Toen mijn Pa het hoorde was hij woedend, geloof ik. Mijn Ma trok zich een week terug in gebed. Maar oom Connie bleef bij ons wonen en die jongen is zodra hij goed en wel kon lopen, vertrokken. Er is nooit meer over gesproken, je accepteerde het. Die jongen was te hooghartig en hooghartigheid dient gestraft. Dat stond in de bijbel. Ja, dat was het enige dat mijn Pa er aan tafel over heeft gezegd, dat zondaars ook in de bijbel zo werden gestraft. Wat in de bijbel stond aanvaardde je; dat je nederig moest zijn, nooit mocht liegen, dat je je best op school moest doen. We werden gevormd naar de bijbel, als een stuk klei. Je moest wel heel stevig zijn om aan die knedende hand te kunnen ontsnappen.

Het merkwaardige was dat mijn broers toch trots op oom Connie waren. Ik ook misschien. Nu niet meer, maar toen maakte het enorme indruk. Een jongen die ons uitlachte, die te hooghartig was tegen zijn baas, kreeg voor zijn leven een litteken dat hem eraan herinnerde dat hij zijn plaats moest weten. Mijn broers gingen dat gedrag naäpen, ze liepen met een mes rond. Mijn vader heeft toen streng moeten ingrijpen en alle messen op de plaas ingenomen. Niet lang daarna zijn de Xhosa's verdwenen.'

'Elias ook?'

'Weet ik niet meer.'

'Hij lijkt zonder wrok.'

Eva lacht bitter. 'Eens zullen we om deze dingen gestraft worden, wij en onze kinderen tot in het derde en vierde geslacht. Van Wyk Louw heeft het allemaal al gezegd:

> *Moet elk vir iemand iets nog sê*
> *in hierdie land*
> *wat luid van alle stemme is*
> *en blink en brand?*
>
> *of, waar die goue lug al lank*
> *die aasvoël dra,*
> *koud 'n gedoemde waarheid weet*
> *wat niemand vra?'*

Een halfuur ten zuiden van Swaelvlei, voorbij het stationnetje van Merriman, waar Eva vroeger op warme zaterdagen meehielp ratten schieten, zit een echo in de bergen. Plaaswerkers luchten er nog weleens hun hart als ze dronken van de bottelstoor komen. Dan zingen ze liefdesliedjes tegen de bergen. Oom Hansie kan er al zestig jaar om lachen, maar als het lawaai hem 's nachts te erg wordt schiet hij een

losse flodder in de lucht, een knal die in tienvoud te-
rugkaatst.

Hansie is al in de tachtig, een verre neef van Eva's
vader. Hij was altijd de naaste buur, een 'alleenlo-
per', nooit getrouwd, boerend op een kleine plaas
en rechterhand in oogsttijd op Swaelvlei. Hij hoorde bij de Landmans, er werd altijd voor hem gedekt,
soms zat hij er, soms weer dagen niet.

Hansie zet meteen de boeretroos en beskuit op
tafel. Hij is blij zijn Karoobossie te zien. Hansie
heeft een boekenkast en gaat door voor 'taamlik geleerd'. Eva's studie heeft hij altijd door dik en dun
verdedigd. Zij is zijn trots.

'En hoe bevalt het oom Hansie naast de Engelsman?' vraagt Eva.

'Ik groet hem.' Hansie kijkt Eva met een gemeen
lachje aan. 'Mijn vader zou zijn tong afbijten, maar
ik groet hem, op z'n Engels.'

Hansie gaat er goed voor zitten, over de Engelsen heeft hij lang nagedacht: 'Ze hebben ons terug
op de kaart gebracht. Zonder hen zou het Afrikaner
nationalisme nooit zijn ontstaan. Doordat de Engelsen onze taal probeerden uit te wissen, werden
we ons ervan bewust dat we een eigen in Afrika geboren taal spraken.

Toen de Engelsen begin vorige eeuw de Kaapko-
lonie overnamen en de boeren aan de oostgrens
vernederden en betuttelden, zijn we weggetrokken
en hebben we nieuwe republieken gesticht. Ze wilden toen de slavernij afschaffen zonder de eigenaars
voor het verlies schadeloos te stellen. Ze hingen on-

ze Boerenleiders aan de galg en belemmerden ons in onze godsdienst. Wij waren een van de eerste volken die zich tegen het Britse imperialisme verzetten. Met de Grote Trek hebben de Afrikaners de grenzen van het land verlegd, anders was Zuid-Afrika niet groter dan de Kaap.'

Oom Hansie schenkt nog eens koffie in. Als zoveel mannen van zijn generatie is hij doordrenkt met de geschiedenis van zijn land. Voor hem is de Afrikaner geen gewoon mens, maar een geroepene over wie een vreemdeling niet oordelen kan. Zijn geschiedenis is niet met gewone maten te meten. Oom Hansie verdedigt de zaak van zijn volk met overtuiging. Hij verwart mij, want hij roept sympathie op, maar het is de sympathie voor een heldhaftig verleden. Kin omhoog, een slok, zijn geweer in de hoek, oom Hansie de Voortrekker, de Boerengeneraal.

Hansies vader vocht in de Boerenoorlog, in een klein leger van drieënveertig man, ergens in het noorden van de Vrijstaat. Het waren allemaal jongens uit de Karoo. Ze trokken naar de Vrijstaat om te vechten voor het behoud van de vrije republieken. Hun voorouders hadden destijds het bemoeizuchtige Kaapse schiereiland verlaten, nu kwamen zij de mannen te hulp die nog meer aan hun vrijheidsdrang hadden toegegeven, en ze waren niet van plan de grond waar zo velen hun leven voor lieten op te geven. De jongens werden omsingeld door negenhonderd Britten. Na drie dagen vechten waren er nog vier boerenzonen over.

'Mijn vader zat een halfjaar in een Brits concentratiekamp. Vergeven kon hij de Britten wel, vergeten kon hij het nooit. Hij stuurde ons allemaal naar een Engelse school in Port Elizabeth. "Jullie zijn Afrikaners," zei hij, "ik heb jullie geleerd ze te haten, maar ze zullen hier nooit meer weggaan. Wij moesten ze doodschieten, jullie moeten met ze leren leven." En dan te bedenken dat mijn vader in de Kaap op school geen Afrikaans mocht praten, alleen hoog-Hollands, wie het toch deed kreeg een pak slaag.'

Daarom groet Hansie zijn buurman. Maar dat wil niet zeggen dat hij van hem houdt. Hij vindt alle Engelsen huichelaars: 'Blink in die mond, maar skelm in die derms.' En hij niet alleen: 'Als het erop aankomt kiezen de zwarten en de bruinen onze kant. Ze weten wat ze aan ons hebben.'

'De Engelsen zijn minder racistisch,' zeg ik als ik na drie koppen koffie iets van mijn Hollandse directheid herwin.

'Praat met bruin en zwart en je zult anders horen,' zegt oom Hansie. 'Ken je die mop van die kleurling die bij een Afrikanerboer aan het hek komt bedelen? Nog voor hij om een hap eten heeft gevraagd, scheldt de boer hem al zijn huid vol: "Jou hotnot, jou leegloper." Hij trapt hem naar de keuken waar hij een bord eten krijgt. Dan komt de kleurling bij een Engelse boer. De man luistert naar zijn verhaal, schudt zijn hoofd, pakt een zakdoek, huilt een traantje mee en zegt dat hij het verschrikkelijk vindt. "Ik leef met je mee," zegt hij, "maar sorry, ik kan je niet helpen." Hij leidt hem beleefd het erf af en doet het hek achter hem dicht, zonder dat de bedelaar een korst brood heeft gekregen. Dat is het verschil tussen de Afrikaners en de Engelsen.'

'De jonge zwarten haten de Afrikaners!' zeg ik. 'De grote Soweto-rellen braken uit omdat ze op school geen Afrikaans wilden leren.'

'Haat, haat, dat kunnen ze zich niet veroorloven. Ach,' rochelt Hansie geërgerd, 'de zwarten zijn ons nou eenmaal vreemd. Ik boer hier vanaf mijn twee-entwintigste en ik heb altijd wel een paar zwarte knechten gehad. Ik spreek zelfs een paar woorden Xhosa, maar ik heb ze nooit begrepen.'

Eva knikt heftig: 'Ik wil de zwarte mensen wel begrijpen, ik doe mijn best, maar soms denk ik dat we op twee verschillende planeten wonen. Mijn Sophie begrijpt niet dat je voor een telefoon moet betalen. Ze snapt niet dat elektriciteit geld kost. Ze laat de hele dag een ketel water koken. Ze denken dat ze alles in de schoot geworpen krijgen.'

'Eva, alsjeblieft,' zeg ik. Maar Eva is niet meer te houden.

'Vorige week vroeg Sophie of ze geen opslag kon krijgen. Ze zei: "Ik kan geen nieuw schooluniform voor mijn kind kopen." "Mom, wat verschrikkelijk," zei ik, "maar ik betaal je al meer dan iedereen. Heb je vorige week wijn gekocht?" "Ja Madam," zei ze. Ze keek als een schuldig kind naar de grond. Ze koopt elke week tweeëneenhalve liter van dat bocht, anders kan ze niet slapen, zegt ze. "En de week daarvoor?" "Ook Madam." Ik zeg: "Als je iets wilt hebben dan moet je ervoor sparen, Mom. Je moet jezelf iets ontzeggen." Ik moet ook voor vakantie sparen en voor een nieuwe auto leef ik een jaar zuinig. Zij wil alles meteen. Ik probeer haar van mijn idealen en opvattingen te overtuigen. Maar langzamerhand geloof ik niet dat het echt zin heeft. Ik moet leren haar te accepteren zoals ze is. Niet als wij. Er is altijd een muur tussen ons. Daarachter zit een vreemde. Je kan je best doen de zwarten te begrijpen, maar kennen doe je ze nooit.'

'Waarom noem je Sophie eigenlijk Mom?' vraag ik.

'Gewoonte,' zegt Eva stuurs.

'Je houdt toch veel van haar?'

'Ze is aan een zwarte borst groot geworden,' zegt oom Hansie.

'Nee, op een bruine rug,' snauwt Eva, 'Katrien was een bruinvrouw met Xhosabloed. In de Karoo is iedereen verbasterd.'

Zwart... bruin... een nuance die op deze reis zo belachelijk belangrijk is geworden. Overal trekken mensen hier grenzen. Elk verschil telt, tussen Boer en Brit, dorpskind en plaaskind, tussen die van Afrika en die van Overzee. Al het vreemde wordt apart gezet en krijgt regels voor de omgang.

Vandaag is Eva een vreemde voor mij. Apartheid besmet.

Wat gebeurde er met die zwartbruine borsten? 'Ze zoogden ons niet,' zegt Eva. 'Geen Afrikaner moeder zal haar kind melk van een zwarte vrouw laten drinken. Katrien gaf ons de fles.' Ook Eva's jongere broers en zus werden zo gevoed. Want Eva's moeder, haar gemoed vol van de Heer, had lege borsten.

'Ze was van de ene dag op de andere verdwenen,' zegt Eva. 'Ze zou nog een taart voor me bakken.'

'Waarom ging ze weg?'

'Ze moest naar haar mensen.'

'Is het je uitgelegd?'

'Nee. Een Landman klaagt niet over zijn bediendes.'

'Hoelang was ze bij jullie?'

'Ze heeft tot mijn zesde op ons gepast.'

'En toen was ze weg?'

'Op de dag voor mijn verjaardag. Ik heb haar jarenlang gehaat.'

Weer komen de tranen bij Eva. Ik schaam me voor alles wat ik haar deze dagen kwalijk nam. Zij vertelt het verhaal dat ik al van zo veel Afrikaners heb gehoord, kinderen die hun zwarte moeder van de ene op de andere dag uit hun leven zagen verdwijnen. Ze praten er koel over, onverschillig, vaak weten ze niet eens meer haar naam. Op school steunen de kinderen elkaar in dat gemis door verschrikkelijke verhalen over zwarten en kleurlingen te vertellen. Want koken ze geen vreemde brouwsels, roepen ze geen voorouders en geesten op? Ze stelen je nagels, je haar en ze betoveren je. Een wit kloppend hart brengt zwarte mannen geluk. Zo overschreeuwen ze met gruwelverhalen het verlies van een zwarte moeder.

Eva scheurt als een woesteling over het pad langs

de bergen. Oom Hansies afscheidsschot echoot met ons mee.

Als ze later weer rustig rijdt, zegt ze: 'Begrijp ons alsjeblieft niet verkeerd. Er bestaat ook werkelijke vriendschap. Mijn Pa had een knecht, Jolly Boy, zwart als de schoen van een Broederbonder. Ze hebben samen tot ver in Afrika gejaagd, tot aan de Victoria-watervallen. Jolly Boy was slim, hij kon de tractor besturen. Op een dag viel hij dronken van de paardekar en brak zijn nek. Pa heeft hem naar Port Elizabeth gereden, als een stofduivel over de paden. Jolly Boy is in het ziekenhuis gestorven. Mijn Pa heeft dagenlang gezwegen. Hij was een ware vriend.'

Ik zeg niks.

'Je gelooft me toch wel?'

'Ja Eva.'

Droë Fontein

 'Laten we naar oom
Hendrik gaan.'
'Nee,' zegt Eva, 'nee.'

Het is maar een centimeter op de kaart, hooguit
een uur door het stof, toe, breng me naar Droë Fontein. Eva stribbelt tegen, maar als ze het pad in de
verte ziet, veegt ze het rood van haar lippen, trekt
haar oorbellen af en kamt haar haar in de achteruitkijkspiegel – dat kan op deze weg, alleen de leegte
komt ons tegemoet – en we verlaten het asfalt voor
de snuifbruine aarde.

Toch oom Hendrik? Eva draagt gelukkig al een
jurk, want haar familie houdt niet van vrouwen in
een broek, en ik doe mijn bovenste knoopje dicht.
Zo ogen we kerks genoeg.

Daar is zijn doorgeroeste hek en daar het eerste
schapenrooster en een lang lang pad dronken door
het veld. De telefoonpalen vormen een rechte lijn,
wij slingeren om ze heen. Waarom toch al die kron-

kels waardoor we langzaam moeten rijden en die
ons hullen in een slang van stof?

'Dan weet Hendrik dat er volk komt en heeft hij
tijd om zijn geweer te laden.'

Het land is hier platter, de lucht blauw formica,
zonder nuance. Het licht is schel en de bossies zijn
hard, ze krassen tegen de portieren. Een arend in
glijvlucht wijst de weg, snavel en vleugels uitge-
knipt tegen het blauw. Oom Hendrik houdt van
hekken, ik tel er al zeven. Als ik uitstap om ze open
te maken hoor ik de telefoonpalen praten en onze
motor zoemen, elk geluid apart, alsof het blauw
ook de klanken uitknipt. Om de twee hekken staat
zijn naam op een groot wit bord: H. van der Merwe.
De zwarte letters zijn doorzeefd met kogelgaten.

Droë Fonteins zinkdak schittert al in de verte. We
knijpen onze ogen toe. 'Die plek is behekst,' zegt
Eva. Als kind kwam ze er al niet graag. De honden
blaften er zonder reden en 's nachts werd ze er altijd
wakker, de haren recht overeind, alsof er koude
spoken door de kamers dansten. Geen bomen om
de plaas, nergens de beschutting van een dal of een
heuvel. Toch ontving de radio er slecht, altijd ge-
kraak op 'die draadloos', zodat tant Annie, oom
Hendriks vrouw die de stilte lijdzaam met hem
deelt, het ding 'die radeloos' noemde.

We zien ze al staan, twee stipjes op de stoep, vijf,
zes, zeven bochten voor ons. We passeren een ka-
potte ploeg, een dood schaap, verwaarloosde hei-
ningen. Vroeger noemden ze Hendrik nog wel
spottend Spikkenes, omdat hij zo poetserig was en

schoon op zijn plaas. 'Ik hoop dat hij gezond is,' zegt Eva.

Daar staan ze, oud maar ongebroken, armen over elkaar. Zij met schort, hij in korte broek, velskoene, een overhemd met korte mouwen, alles kaki. Hendrik heeft een dik rood hoofd, bloempothaar en oren als die van een Griekse vaas. Alleen, ze lachen niet, ze zwaaien niet en verzetten geen stap als het stof van onze auto om hun benen dwarrelt. Ze knijpen hun ogen toe.

We hebben niet gebeld. Kennen ze Eva nog na twintig jaar? Ze weet alleen dat Oom vroeger vaak over haar sprak, want hij wantrouwt 'grootkoppe'.

Hendrik vertrouwt maar op één boek en dat is de bijbel. Hij houdt niet van mooi en van lippenstift en van lachen en niet van een gleufje borst of van een sieraad dat schittert. Dus als we uitstappen, lacherig van het geslinger en dankbaar dat Oom onze banden niet heeft lekgeschoten, en hij ziet haar mond – nog zacht gekleurd, te wulps voor dit grauwe erf – en de ringen aan haar vingers, dan betrekt zijn gezicht, voor zover de plooien in zijn vet nog trekken kunnen. Na een aarzeling – wel of niet een zoen op die lippen – betrekt ook ineens de lucht. Een grijze nevel schiet voor de zon, het blauw wordt in een paar seconden grijs. Het begint zacht te waaien. 'Als je regen brengt, is het goed,' zegt Oom.

Onze komst maakt iets wakker. De gangdeuren klepperen, luiken piepen in hun hengsels, de wind trekt door het huis. Als we voor het raam van de zondagse kamer staan en naar de stoppels van wat ooit een tuin was kijken, zien we plotseling wolken en zuilen regen aan de horizon.

'Ik hoop dat de regen ons niet overslaat,' zegt tant Annie. Ze heeft een tic, ze smakt.

'Goed voor de tuin,' zeg ik.

'Goed voor de schapen,' verbetert oom Hendrik, 'hoe mooier jouw tuin, hoe minder liefde in huis.'

Tant Annie smakt en trekt Eva mee naar de keuken. 'Wij vrouwen zetten thee.'

En wij mannen? Hendrik zwijgt, ik zwijg, vragen jagen door mijn hoofd. Hoe plat is de aarde, Oom? Zeg me hoe plat, en de vier pijlers waarop de aarde rust, waar steunen die op? Maar ik heb Eva beloofd erover te zwijgen. De platte aarde is verboden terrein.

'Hoe groot is uw plaas?' vraag ik.

'Elfduizend morgen.'*

'Dat is half Holland,' zeg ik, 'bij ons is vijftig hectare al heel veel.'

'Vijf morgen graasgrond voor één schaap, en dan verrekken ze nog. De natuur maakt ons nederig, een natland kweekt onverschillige mensen,' zegt oom Hendrik.

De wind blaast een geur van mest en vet door het huis. De kamers zijn vuil en uitgewoond, al is de schouw kunstig gesneden en zijn de kasten Kaaps antiek. Er is slechts één versiering aan de wand: het voortrekkersmonument in zilverpapier. *Die bou van*

---

* Bijna tienduizend hectare.

ons nasie, staat eronder. Kale vloeren, geen kleden, hier en daar een lamp.

Buiten flitst de eerste bliksem. 'Een brede bliksem,' volgens Oom. Hij hoopt op een regen die dagen duurt, aan een buitje heeft hij niks. Even lijkt het of de wolken zijn humeur verzachten. 'Na regen kunnen we de teugels vieren, maar nooit te lang. Dan pakt de natuur ons weer.' Achter in de gang hoor ik kopjes en een voorzichtige lach.

Onder de thee vallen de eerste druppels op het zinkdak. Stof spat tegen de ramen, de telefoon gaat, een plaaslijn, nog een oude met een slinger. Ieder heeft zijn eigen code, wat nu rinkelt is voor buren kilometers verderop. Je kan elkaar ook afluisteren.

Hendrik haalt de hoorn van de haak. 'Bellen bij bliksem is gevaarlijk,' zegt hij. 'Met dit weer vallen de vrouwen dood naast de telefoon.' Oom Hendrik is een optimist. Hij kijkt boos naar de regen en boos in zijn kopje.

Tant Annie hangt de hoorn weer op de haak. Ze is gehecht aan het geluid. 'Ons is so alleen, en as dit lui weet ek, is daar tog iewers mense.' Ze prijst de eerste regen sinds maanden. 'Het land verwoestijnt,' zegt tant Annie.

'Onzin,' bromt Hendrik, 'de springhazen verschuilen zich achter de bossies, er groeit van alles, maar er zit geen sap meer in het blad. De Karoo verhout.' Hij draait in zijn stoel, kijkt ons ongemakkelijk aan, wil iets zeggen maar steekt een sigaret op, die hij van voren rookt en van achter pruimt. Dan schraapt hij zenuwachtig zijn keel. 'Ik had gedacht dat je een grootkop zou zijn, arrogant, maar je lijkt nogal lief.' Hij glimlacht verlegen naar Eva en voorzichtig vraagt hij naar haar broers en hoeveel een wolskaap aan de oostgrens doet.

Geen woord over zijn zuster, tannie Ma. Hendrik is boos op haar familie en vooral op zijn buurman Doeks, een volle neef van Eva. Doeks boert voor een deel op het land dat oorspronkelijk aan Hendriks grootvader toebehoorde. Een oude familievete wordt omstandig verteld: een procureur blijkt honderd jaar geleden de grond van Droë Fontein valselijk te hebben opgemeten. Er is met het testament geknoeid en Hendrik heeft alles ontdekt. Hij eist elke voet terug, met het geweer in de hand heeft hij zijn hekken en borden als pionnen verder uitgezet. Het duurt niet lang meer of Droë Fontein heeft weer zijn oorspronkelijke grootte.

Over zijn plaas wil Hendrik weinig kwijt. 'Dis alles achteruit.' Te zwaar voor één man.

'Eén man?' vraagt Eva. En Ou Fielies dan, de knecht die zij zich nog herinnert uit haar kinderjaren? En de bruine bijwoners, helpen die dan niet?

'Weggestuurd,' zegt Hendrik, 'ze zijn me allemaal te wit.' Te brutaal, legt hij uit, ze kenden hun plaats niet meer.

Hendrik ziet de verbazing in mijn ogen. 'Ik weet niet of je ons leven hier begrijpt. Dit is derde wereld en eerste wereld. Die bruinman wil omhoog, maar hij kan niet, zo is hij niet geschapen.'

'Niet zo geschapen?'

'Ze stammen af van de boesman,' zegt Hendrik,

en een boesman is niet een echt mens. Zijn Pa heeft zelf gezien hoe een van de knechten met zijn hoofd onder een ossewa kwam. Geen spat bloed uit zijn kop. Hij stond zo weer op. Bij een mens zou het hoofd zijn opengebarsten, maar een boesman heeft geen kopnaad, dus is hij geen mens.

Tant Annie smakt.

'Nee, de bruinman kan niet omhoog,' zegt oom Hendrik, 'zo is hij niet geschapen.'

Omdat we hem niet tegenspreken, en ik twee keer 'interessant, Oom' zeg, gaat hij door. Hij eet een nieuwe sigaret, een vuur fonkelt in zijn ogen.

'Er zijn twee soorten zaad. Het zaad van God en het zaad van de duivel. Het een is wit, het ander zwart. Satan wil het zaad vermengen. Dat gebeurt nu in ons land. Maar wij mogen niet samenbrengen wat gescheiden hoort. Je moet het kaf van het koren scheiden.'

Hendrik praat, praat, hij vreet ons bijna met zijn ogen op. 'Die swartman is per definisie uitgesluit van die genade.' Zijn stem slaat over. Hij gaat erbij staan en preekt tegen de regen op het zinkdak in. 'De mensen zijn hoogmoedig, ze denken dat de verhouding tussen wit en zwart belangrijker is dan tussen mens en God. Wij zijn bezig een nieuwe toren van Babel te bouwen. Weet je wat de vuist van de zwarten betekent?'

'Power to the people,' zegt Eva.

Hendrik schudt triomfantelijk nee. 'Het is een vuist tegen de hemel, een vuist tegen God. Dat weten ze, ze aanbidden de satan die Mandela heet.'

Hendrik weet het ook. Hij alleen, en hij kijkt ons vol medelijden aan. 'Wij Afrikaners zijn de tiende stam Israëls, de verloren gewaande. Zei Mozes bij de zegening der stammen niet tot Naftali: "Neem jy die suidland in besit."?' Bijbelcitaten vliegen ons om de oren.

'Maar we zijn toch geen joden,' zegt Eva.

'De tiende stam zijn de hugenoten, naar Afrika gekomen om het licht te prediken. Wij zijn uitverkoren.'

Hendrik gebaart met zijn dikke handen, praat over knechtsvolk dat tot dienen is gedoemd, over zijn droom in het veld, in de schaduw van een hekpaal, hij zag toen dat op de aarde een ladder was opgericht waarvan de top tot aan de hemel reikte en engelen klommen daarlangs op en daalden daarlangs neer en God stond bovenaan en zei: 'Ik ben de Here, en het land waarop jij ligt behoort aan jullie en aan jullie nageslacht. Bezoedel het niet. Ik ben met jullie en Ik zal jullie overal behoeden.'

Daarna heeft Hendrik Ou Fielies van zijn plaas gestuurd en zijn bijwoners, want hij wil niet meer met zwarten en bruinen werken. Hij wil een witte plaas, onbezoedeld, in een witte staat. De rest mogen ze weggeven, het goud, de steden, waar de knechten heersen, waar vrouwen en meisjes worden verkracht, waar de blanken de kroon van het hoofd is gestoten omdat zij gezondigd hebben.

Hendrik kijkt niet meer naar ons, de geest is over hem, zijn zinnen worden langer, sierlijker, en als ik beschaamd naar de grond staar, zie ik onder zijn stoel, naast zijn rauwe benen, een bijbel en een beduimelde concordantie. Dit heeft hij zelf verzonnen, uitgedacht en opgezocht. Hendrik, de redder van Droë Fontein. Eva zegt geen woord.

Door Hendriks zenuwachtigheid aangetast ren ik naar de wc, mijn aantekenboekje in de hand, en op de bril schrijf ik alles op. Over zijn opdracht in de Karoo, waar zijn huid gloeit als een oven, en over het witte land waar hij voor vechten zal. Ik schrijf, bladzij na bladzij, in de cadans van zijn zinnen want mijn angst om te vergeten is sterker dan mijn geheugen.

Als ik na tien minuten de gang weer in loop (tant Annie binnensmonds vervloekend om haar zuinigheid, één lauw kopje thee, geen koekje, geen pleepapier en ik word gek van dat getokkel boven mijn hoofd, god wat verlang ik naar drank om al die woorden weg te spoelen, maar tante is geheelonthoudster, zij onthoudt zich van alles, het meest nog van gezelligheid) dan staan daar Eva en Hendrik in een hevige woordenstrijd.

'Ze willen ons land weggeven,' schreeuwt Hendrik, 'en iemand die daartegen vecht is geen misdadiger of terrorist, dat is een patriot. De regering zit vol quislings die de macht willen delen. Vijf procent met vijfennegentig procent, dat is toch totale waanzin.'

'Met vechten los je niks op,' zegt Eva.

'We hebben drie jaar voor onze vrijheid tegen de Engelsen gevochten en één zesde van onze mensen verloren. We zijn geen volk dat zich gedwee bij een overgave neerlegt,' zegt oom Hendrik. 'Dezelfde mensen die in de oorlog niet met de Engelsen wilden collaboreren, heulen nu met de zwarten. Ze praten Afrikaans, noemen zich Afrikaners, maar ze liegen. Het zijn geen Boeren. Ze begrijpen ons streven niet. Zij zijn onze dodelijkste vijand.'

Tant Annie is een ineenstorting nabij. Ze duwt ons zachtjes naar de deur.

Hendrik is niet meer te stuiten: 'Ons sal moet opblaas, saboteer, net soos die Ossewabrandwag vroeër.'

'Ja Oom, dis goed Oom, dankie Oom.' Twee uur hebben we hem aangehoord, het leek wel een dag. Buiten heeft God in minder tijd een halve zee geschapen.

Hendrik stapt de regen in, opent Eva's portier en zegt rustig, alsof het water zijn waanzin afspoelt: 'Ons het jou nodig, en as die tyd daar is is jy welkom.'

'Dankie Oom.'

We slippen in de modder. Oom Hendrik zwaait ons uit, hij heeft zijn hart gelucht en lijkt vol goede moed. Tant Annie staat gebroken op de stoep.

Ik open hekken in de plenzende regen. Net ladders, alleen dwars, niet hemelwaarts.

Het is al donker, ik zoek op de kaart naar Boeriemeer, de plaas van neef en buurman Doeks. Ik doe oom Hendrik na, preek en zing en bespot het 'stoere Afrikaner kroos'.

'Het woord Afrikaner is voor mij totaal onaan-

vaardbaar. Wil je dat voortaan nooit meer gebruiken?' zegt Eva bits.

Drank, drank, drank, dat is het eerste wat we roepen
als oom Doeks ons bij het haardvuur zet en zijn
vrouw Hannie een droge handdoek over onze natte
haren gooit. We drinken whisky, de ene dop na de
andere, en we lachen over oom Hendrik, die vorig
jaar nog met zijn geweer bij hen op de stoep stond
en die nu ook met de kerk gebroken heeft sinds die
de apartheid op bijbelse gronden heeft afgewezen.
Hendrik bidt alleen nog maar thuis.
    Wat een rijkdom, wat een prachtig huis is dit.
Vijfenvijftig kilometer van Hendriks plaas. Bomen
en een bloementuin zwaar van de regen. Binnen kamer na kamer smaakvol ingericht. Stinkhouten kasten, perzen, schilderijen tegen terracotta-muren,
goudomrande spiegels, krakende vloeren, vier lo-
geerkamers, elk in een eigen kleur. Boekenkasten en
vitrines met Kaaps zilver. In de gangen telkens een
zwarte elleboog of witgesokte zwarte enkel, bediendes die zich uit de voeten maken. Eva had me al
verteld: 'Doeks en Hannie is grand mense.'
    Er is een schaap geslacht, de zoete aardappelen
poffen al een middag in de asla. Drie bediendes
wachten naast de gedekte tafel, twee meisjes en de
kok, glunderend in het kaarslicht. De bijbel ligt op
tafel. We staan achter onze stoelen en reiken elkaar
de hand.
    'Welke godsdienst heeft hij?' vraagt Doeks aan
Eva.

'Een beetje protestant,' zeg ik snel om haar te redden.

'Nou ja, toe maar, we bidden allemaal tot dezelfde God.'

Doeks knoopt een lang gesprek met Hem aan. Hoe goed heeft Hij ons niet op ons pad geleid, en hoe mooi is deze regen niet, en dat het land maar in vrede blijft en de leiders wijs. We danken voor de spijzen op tafel.

'Ja,' zegt Doeks als hij de bout aansnijdt, 'de Karoo heeft mij altijd voedsel gegeven. Het is een karige wereld, maar een dankbare wereld.' Doeks is verknocht aan zijn grond, maar hij boert niet meer. Daarom heeft hij zijn plaas in Boeriemeer herdoopt, zijn zonen beheren landerijen verderop.

De wijn maakt hem sentimenteel. Alle grote Afrikaners (Eva's ogen flitsen bij dat woord) komen uit de Karoo. Grote zakenlui, grote schrijvers, grote politici. Heel de wereld lijkt om de Karoo gebouwd. Overzee is Doeks nooit geweest, maar hij heeft gelezen en gelooft in de gelijkheid van alle mensen.

Hij heeft een foto van Mandela uit *Die Huisgenoot* geknipt en naast de televisie opgehangen om alvast te wennen aan het gezicht van zijn nieuwe president. Hij heeft er vrede mee dat de zwarten het land zullen regeren. 'Maar deze grond is van mij. Ik weet niet wat ze ermee gaan doen, maar ik wil tot mijn dood mijn eigen aarde van mijn nagels kunnen krabben.' Hij krijgt een brok in zijn keel en snuit zijn neus in het servet.

Ook Eva snottert en Hannie, en ik prik verlegen in mijn zoete aardappel.

Doeks bladert in zijn bijbel, haalt er twee volbeschreven velletjes uit en zet zijn bril op. 'Dit verklaart mijn gehechtheid.' Hij leest met een domineesdreun: 'En Onzelieveheer liet de boeren naar voren komen en verdeelde de grond. Het akkerland, de wijngaarden, en de weiden. De eerste die naderbij trad was de wijnboer en de Schepper gaf hem een landstreek met bergwater en zonbeschenen heuvels en vruchtbare valleien waar de winterwolken tegen de bergen hangen. Daarna kwam de zaaiboer naar voren en hij kreeg de streek met de rijke kleigrond die 's winters onder de genade van regens weekt. En toen sprak Hij: "Nu heb Ik nog een groot stuk bossiewereld over, te droog voor de wijnstok, te klipperig voor de ploeg van de zaaiboer. Maar de bossies zijn zacht genoeg voor de bek van een herkauwend dier. Alleen het water is schaars en de vaalblauwe koppies zijn te laag om regen aan te trekken." "Nee toe maar, Lieve Heer," zei de schaapboer, "geef maar, Lieve Heer, alstublieft."'

Doeks vouwt de velletjes op, steekt zijn bril in de koker, sluit zijn ogen, leunt achterover en draagt uit het hoofd voor: 'Het is een overschietlandstreek waar een lucht waait van skaapbos en stinkkruid, een God gegeven Karoo. De bloeitijd kleurt het veld met de wakkerwitte goudsbloem, de rijkgele boterbloem, polletjes boesmangras en sappige loten skaapsbos. De mofhamels laten uitgelaten hun vette billen wippen. Dat is de lente.

Maar het langst is het seizoen van de droogte, als de dood hier zijn ligplek maakt. Dood het bossieveld, dood de stam, de wortel. De velddiertjes vluchten voor de doodsadem van de westenwind.

En daarna de regen, te veel regen. Watergeweld dat uit de wolken breekt. Een vloed die de paden uitwist en als het zakt staan de suipdammetjies schotelvol. De schapen springen door het bossieveld, de ploegen snijden door de krummelgrond. Het is een harde wereld met geharde mensen, gewoon aan een leven van altijd te weinig en altijd te veel. Volhouden is het wachtwoord.

En dan weer de zon. De parelhoender pikt langs het pad en het kuiken pikt waar ma pikt. De hagedis zit op zijn steen, zijn ogen toegeknepen voor de bergen die beven en je gaat liggen op de blauwe grond en kijkt naar al het kleine dat om je heen zweeft. Naar de blauwe lucht, zo eindig ver weg, waar de eeuwigheid nog niet eens begonnen is. En hier beneden is het ook eeuwig. Je hoort het suizen, als het grote oor van het heelal. Waar het suist is Karoo.'*

We zwijgen, draaien onze glazen op het damast en als de bediendes de borden hebben afgeruimd, zegt Doeks: 'Die witman sal nie langer koning kraai nie en dis regverdig.' Hij pakt mijn hand en ik die van zijn vrouw en hij vraagt of God alles wel lang-

* Oom Doeks las en citeerde vrij naar Dirk Kamfer, *Die elfde uur*.

zaam wil veranderen. De zwarte mensen mogen niet opgewonden raken, want als ze gaan moorden kappen ze elke witte nek af die ze tegenkomen.

Er wordt hier veel gebeden op de vlakte. God heeft het druk op de Karoo.

Ik krijg die nacht de paarse kamer en Eva de roze. Op de gang tussen onze deuren hangt het wapen van de Landmans. Twee handen boven de golven, in de ene een tros druiven, in de andere een verbroken ketting. In de vorige eeuw door een rondreizend schilder gemaakt. De roze handen zijn bruin verkleurd.

'Familiefantasie,' zegt Eva, maar Doeks zegt boos: 'De dag dat jij je herkomst ontkent, kan je dit land maar beter verlaten.'

Het dorp

Door slapende dorpen. Alles herhaalt zich. De namen van de straten, de honden suffend in de goot, de krassende waterpomp in de tuinen, de Toyota-bakkies, de bomen tot hun middel gewit, de geur van braaivleis in de namiddag. Dezelfde namen op de graven. Overal een Pep Stores, dezelfde nieuw hekken om de politiebureaus. De angst en de opstand broeien overal.

De breedste straat heet altijd Voortrekkersweg, een herinnering aan de dagen van de historische Ossewa-trek in augustus 1938. Een gezelschap politieke voormannen trok toen met de huifkar van het Van Riebeeck-standbeeld in Kaapstad naar het Voortrekkersmonument in Pretoria om het eeuwfeest van de Slag bij Bloedrivier te vieren. Een koorts van enthousiasme rilde door Zuid-Afrika. De tocht moest de toen ook al verdeelde Afrikaner harten samenbinden. Mannen lieten hun baard staan en droegen oudtijdse zwarte corduroyjasjes met een geruite zakdoek om hun nek, de vrouwen droegen schorten en kappies. Duizenden sloten zich onderweg bij de trekkers aan.

Voor vele oude Afrikaners behoort de herinnering aan die dagen tot de hoogtepunten in hun leven. Een oude vrouw die op een riempiestoel voor haar huis zit weet het zich nog goed te herinneren. Een man op een schimmel opende de stoet. Hij was verkleed als Paul Krüger. Hij tilde haar op en zette haar op de punt van het zadel. Met haar handjes in de witte manen reed ze als een prinses door de straten, toegejuicht door haar dorp. 'Het was,' zegt ze, 'alsof ik door de geschiedenis werd opgetild.'

De dorpen slapen licht. Als we ergens stilhouden en twee keer het trottoir op en neer lopen, bewegen de gordijnen, kraakt ergens binnen een stoel, piept een luik. We voelen de ogen. Altijd schuifelt wel een oude vrouw of man het tuinpad af om te vragen waar we vandaan komen, waar de tocht heen gaat. Het sociale verkeer onder de dorpse Afrikaners is familiaar, nauwelijks rangen en standen meer.

Blijf drie dagen op dezelfde plek en je weet alles van elkaar. Je weet dat de dominee een bijvrouw heeft, dat de onderwijzer na drie bier homoseksueel wordt, en welke boer zijn schapen slecht behandelt. Het goede en het kwade wordt tot geslachten terug verklapt.

De dorpskranten maken me verlegen. Wil ik weten wie er ziek is, dood, getrouwd, verlaten? Welk kind gescheiden is of geslaagd, bij wie een blindedarm moest worden weggehaald en welke keuken er is uitgebrand? Het is een roddelsamenleving.

Na elke 'ja-dankie-tannie-koffie-sal-lekker-wees' willen ze weten wie Eva's ouders zijn en telkens blijkt de wereld klein.

'Nou sê my is jy 'n Landman van Swaelvlei, en was jou ma se pa 'n Van der Merwe van Ceres?'

'Maar dan ken ek mos jou ma se tante op Rooifontein.'

'Ja, sy was 'n Michau van Cradock.'

'Human het sy getrou.'

'O, nou verstaan ek.'

Familie-uitlê heet dat hier.

Nu de batterijen van mijn Afrikaans zijn opgeladen, word ik meer beschouwd als een van hen. Of ik wil of niet, ze maken mij hun deelgenoot. Hoezeer ze het vreemde ook schuwen, ze hunkeren naar begrip en erkenning van buiten hun kring. Ze willen weten waarom de wereld hen afwijst, ze willen mij uitleggen wat hen beweegt.

Aan de koffie, op het eigen erf, onder eigen mensen is het een gemoedelijk volk. Hun gemoedelijkheid gaat zover dat zij zelfs hun geschiedenis eenvoudig en overzichtelijk maken. Vóór de Afrikaner was hier niets. Zoals God na wat astronomisch en geografisch getover een man op aarde zet, zo zet de Afrikaner Van Riebeeck aan wal en daarmee begint de geschiedenis van Zuid-Afrika. Voor hun komst was hier leegte, duisternis, bergen, water, wilde dieren. Zij hebben hier geschiedenis geschreven, niet de volken zonder schrift. Die andere bewoners lijkt niemand echt te willen leren kennen. Misschien is het land wel te groot om er elkaar in lief te hebben. Alsof die weidsheid ieder naar zijn eigen erf heeft weggedrukt.

Elke hoogbouw ontbreekt, zelfs de steden behielden iets dorperigs. De Afrikaners hebben het niet vorm gegeven, het landschap vormde hen.

Als ik 's nachts wakker lig – een woest draaiende Eva in het bed naast me, omdat ze deze reis zo veel dingen hoort en ziet die ze liever was vergeten – dan denk ik niet aan de politiek waar de mensen de godganse dag over praten, maar aan de leegte, aan die platte leegte. Zelfs de bergen zijn hier plat. Ongebruikte landschappen. Blauwe luchten, bruine aarde en hier en daar wat mensen ertussenin. Er is een wanverhouding tussen de menselijke kleinheid en de natuurlijke grandeur. De wildernis knaagt aan elk dorp. De Voortrekkersweg begint en eindigt in de leegte. Deze verlatenheid heeft de mensen kleiner gemaakt. In mijn halfslaap blijf ik maar door de eindeloze leegheid rijden, over rijkswegen die door bossies en heuvels krassen. Langs dorpshotels, blikken daken, witte kerktorens, onder die hemel zonder vlek, tot de avond op de stoep neerdaalt en de oude vrouwen hun riempiestoelen buiten zetten en de straat in staren... en ik in slaap val.

Ik reis door een culturele woestijn. Nergens een winkel of schouwburg. De bioscoop is een laken buiten of een schimmenspel in de consistoriekamer. Al vertellen de mensen verhalen, bijna niemand leest. Alleen het boek met de grote B. In de huizen overal dezelfde wansmaak: bloemlinoleum in de gang, gebloemde kamerbrede vloerbedekking, rubberachtige kamerplanten, orlon, perlon, nylon spreien, koperen bloemstukken, bloemmotieven op de tuinmeubels. Overal gehaakte kleedjes op de tafels, de stoelen, over de glazen, de bekers, de kannen. Koperen platen met wildtaferelen. Het is een cultuur zo diep als gebloemd linoleum. De Pep Stores is de tempel, de geest gaat op water en brood naar bed.

Deze dorpen vertellen me meer over Zuid-Afrika dan de beelden van oproerpolitie, smeulend traangas, dansende en zingende menigten die de failliete sociale verhoudingen moeten illustreren. De blanke dorpsbewoners staan pal voor het behoud van hun cultuur, maar hun cultuur is zo leeg als de natuur, nihilistisch bijna, niet als ontkenning van God maar als ontkenning van smaak, van waarden. En in naam van die cultuur wordt anderen het volledig burgerschap onthouden. In naam van die cultuur rijden de pantserwagens door de townships, ontploffen bommen op stations.

De dorpen benauwen me meer en meer, maar we zijn pas halverwege. (Culturele armoe en onrecht zijn niet uniek voor Zuid-Afrika. Eva hoort niets liever dan verhalen over discriminerende Chinezen in Xinjiang en over Newyorkers die bang zijn in Harlem. Het doet haar goed als ik Arkansas met Zuid-Afrika vergelijk en de dooie dorpsheid van de Karoo met de geharkte gezelligheid van een Veluws dorp. Ze zegt: 'Je verlicht mijn schaamte.' Het verlicht mij. Ik wil reizen zonder vooroordelen, maar het valt niet mee.)

Naar het westen. We maken een cirkel in de Karoo, hoe verder we gaan, hoe verder Eva's familie. In Vosburg, De Aar of was het Britstown, of Carnarvon – en wat is het verschil? – logeren we in het hotel van Libertus Landman. Toeval. Al bij ons inschrijven haalt hij zijn stamboom uit de kluis en na een ratellijst van namen blijkt hij een achterachterneef. Hij staat erop dat we Neef tegen hem zeggen of Lieb, zo noemt zijn vrouw hem. Maar Neef is te dichtbij voor een man die een swastikavlag van de Afrikaner Weerstands Beweging aan de muur van zijn balzaal heeft hangen. Vijf weken geleden sprak Terblanche hier.

De zijn de enige gasten, een ander hotel is er niet. De balzaal is ook eetzaal. Stoelen aan de kant, neonlampen boven ons hoofd en een ranzig schaap op tafel. Buiten is het warm, en de lucht is zwaar van regen.

Lieb serveert in zwembroek met drupvlek, een enorme bos sleutels rammelt om zijn nek. Hij morrelt voortdurend aan kasten en laden. Glazen, bestek, zout, peper, plastic anjers, alles komt van achter slot en grendel. Als zijn gerammel op veilige afstand is, klimt Eva op een stoel en haalt de vlag van de muur. Ze legt hem opgevouwen op een lege tafel. 'Dankie,' zegt Lieb later, 'voor je het weet is hij gestolen en maken ze er een pyjama van.'

Buiten schreeuwt het werkvolk voor de kantien, binnen lachen de boeren in de kroeg.

Overal dezelfde dronkenschap. 'Kleurlingen drinken veel,' zei een jonge politieagent ons die middag terwijl hij op de stoep van het bureau een partij handboeien in de olie zette. 'Maar het zijn geen alcoholisten zoals de blanken. Ze ruiken altijd naar wijn, ook als ze dagen geen druppel drinken. We proberen ze te helpen. We sluiten ze op als ze hun vrouwen slaan. Twee keer per maand komt de maatschappelijk werkster, ze wil de allerergsten naar een kliniek sturen. Maar de boeren laten ze niet gaan.'

We drinken mee. Een biertje op de stoep. Buiteverbruik onder de populieren ('Geniet ons koelte bome,' stond er aan de rand van het dorp). De drinkers genieten niet. 'Ons kan net kinders maak en drink,' zegt een meisje met uitgetrokken voortanden. Ze werkt bij de bakker, de enige winkel die nog over is, daar bakt ze fish and chips, maar er is al weken geen vis.

Het groepje drinkers verdooft ons met zijn asem. Hier zitten twee blanken met grote ogen naar hun verhalen te luisteren en we zullen het weten ook. Ze worden geslagen, ze verdienen niets, de politie sluit ze zomaar op. In het witte bovendorp staan de huizen leeg en zij mogen er niet in. 'Ze zijn voor veertig rand te koop en wij wonen in sinkhokkies.' Ze liegen, de verlaten huizen kosten tussen de vijfhonderd en duizend rand, de lokasie is vol, maar zinken huisjes staan er niet.

'Niemand durft zijn arbeiders nog te slaan,' zegt

een bruine vakbondsinspecteur die de lokasies in de Karoo afreist ons de volgende dag op straat. 'Geen boer mishandelt het paard dat hij morgen moet gebruiken.' Toch noteert hij de klachten in zijn schrift. 'De regering is op onze hand. De boeren zijn veel te bang. Wij geven alles door.' Ik schrijf ook op wat ik hoor, alleen vertellen de drinkers mij wat een buitenlander kennelijk verwacht.

We lopen met wat opgeschoten jongens door het bovendorp. Verschrikte ooms en tannies achter de gordijnen, alsof we heulen met de vijand. We passeren een oude zwarte man die met een stokje in de grond zit te porren. De jongens schoppen lege bierblikjes voor zijn voeten. 'Hé, Mandela, wat het jy vir Winnie uit die tronk gebring?' De oude man lacht, hij is onnozel. De jongens geven het antwoord zelf: ''n Tronkvoël.'* Ze vallen haast om van het lachen.

'Mandela? Die praat niet voor ons. Wij zitten gevangen in dit dorp.'

'De kleurlingen zijn een generatie achter bij de blanken,' zegt een gepensioneerde hoofdonderwijzer ons later in de kroeg (Binnegebruik). 'Ze willen allemaal onze rechten, maar ze willen niets met de zwarten te maken hebben. De zwarten vinden de kleurlingen bastaards. Vroeger wilden ze wel met ze trouwen, dat had een praktische reden. Hun kinderen konden zo een trapje stijgen, beter onderwijs en geen gedoe met pasjes. Maar kleurlingen willen niet

---

* Bajesklant; tronk is gevangenis; voël is vogel, maar ook piemel.

met zwarten trouwen. Er is een klasseverschil, hoe lichter hun vel, hoe hoger hun status. Geschoolde bruinmensen willen ook niets met blanken te maken hebben. Hahaha, als wij er niet waren zouden de kleurlingen de apartheid wel hebben uitgevonden.' Hahaha, hij pakt er zijn zakdoek bij, zo leuk vindt hij het.

De onderwijzer tikt tegen zijn glas, Lieb schenkt bij. We kennen Neef nu twee dagen, over politiek wil hij niet praten, maar hij heeft het over niks anders. 'De lokasie is nu te communistisch. Elke dag een betoging.' Lieb vindt het bitter onrechtvaardig dat hij voor zijn kind honderd keer meer schoolgeld moet betalen dan een kleurling. 'Ons sukkel, hulle kry alles. Ze worden veel te geleerd, niemand wil er meer op een plaas werken, ze willen allemaal op kantoor en even veel verdienen als een blanke, terwijl hun diploma minder waard is. De regering leidt werkelozen op. Ze drinken te veel, worden brutaal en planten zich voort als konijnen. Nu heeft de verpleegster gezegd dat er een nieuwe wet is die het krijgen van meer dan twee kinderen verbiedt. Ze laat de vrouwen gewoon steriliseren. Alleen de mannen zijn ertegen, ze zijn bang dat hun vrouwen te onafhankelijk worden.'

Lieb is er trots op dat hij sinds de middelbare school geen ander boek dan de bijbel heeft aangeraakt. Van wetenschap en techniek wil hij niets weten, alleen geschiedenis vindt hij interessant, de geschiedenis van de Afrikaners welteverstaan. Hij is een van de ouderlingen in het dorp. De dominee komt maar één keer per maand, en alleen tijdens Nagmaal trekken de boeren van alle kanten naar de kerk en is het dagen druk in zijn hotel. De drank is een duivel, maar een ouderling moet ook leven. En de kleurlingen willen niet anders. Natuurlijk, ze mogen ook binnen in de kroeg, maar dan moeten zè wel de witte prijzen betalen en dat accepteren ze niet, dus schreeuwen ze voor de deur. Buiten is alles goedkoper. Lieb heeft goedkope whisky, goedkope brandewijn. 'Kleurlingen krijgen alles op een presenteerblaadje aangereikt.' Liebs mond staat naar klagen.

Maar als er even later een bruine man de kroeg binnenkomt, is hij allervriendelijkst. Hij informeert naar zijn gezondheid en schrijft zijn whisky op de lat. Ook tegen een meisje dat haar lip aan een blikje gescheurd heeft en dat om een pleister vraagt, is hij voorkomend. Samen met zijn vrouw, die dik en pukkelig in de keuken woont, wast hij de wond uit. Hij klopt het meisje vaderlijk op haar rug.

'Ik help ze omdat ik een christen ben,' zegt Lieb. 'De hotelgasten zeggen vaak dat ik zo onaardig over ze praat, maar dat zijn Transvalers die niets van de kleurling begrijpen. Ik moet ook vaak hard tegen ze zijn. Je kan ze niet iets suggereren. Je moet het ze duidelijk zeggen, dan respecteren ze je. Alleen dan zullen ze je nooit bestelen. Laatst was hier een jongen uit een ander dorp, die een greep in de kas deed. Mijn bedienden pakten hem en zeiden. "Baas, zullen we zijn hand afhakken?" Ik ben streng, maar ik krijg er trouw voor terug.

Met klagen komen de kleurlingen er niet. Wij hebben het ook arm gehad. Mijn pa was arm, wij hadden het slechter dan de bruinen. Hij was een bijwoner en toen de boer waar hij werkte zijn plaas opgaf, moest hij in Port Elizabeth gaan werken. Hij had geen diploma's en daar pikten de zwarten zijn plaats in. Mijn pa heeft gevochten voor zijn kinderen, het heeft hem hard gemaakt en het heeft mij hard gemaakt.

Mijn pa had groene vingers. Hij heeft vijftien jaar als een slaaf in de stad gewerkt en maar voor één ding gespaard: een eigen plaas. Dertig mijl van hier kon hij er een huren. De windpompen stonden droog en er wou niks groeien, de grond was te zuur en alle dieren zijn gestorven. Het was bittere armoe, niemand heeft ons toen geholpen, niemand helpt ons nu!'

'En daarom stem je op de AWB.'

'Daar praat ik met buitenlanders niet over. Alleen dit: Terblanche is de meest dynamische leider die ons land op het ogenblik heeft. Jullie moeten je helemaal niet met ons bemoeien. Dingen gaan langzaam. We kunnen de zaak niet overhaasten. Als je mensen die nog niet voor zichzelf kunnen zorgen te snel verantwoordelijkheden geeft, krijg je chaos. Dat begrijpen jullie buitenlanders niet. Jij komt hier met je mooie ideeën om mij te vertellen wat ik moet doen. Als wij wisten hoe we onze problemen moeten oplossen, zouden we dat heus wel doen. De Engelsen weten het ook zo goed, pfff, er wonen nog geen anderhalf miljoen zwarten en ze hebben meer rassenrellen dan wij.'

Ik wil hem zeggen dat er bij het opruimen van één illegaal dorp in Kaapstad meer doden vielen dan ooit bij elkaar in Engelse rassenrellen. Maar ik knijp in de rand van de tapkast en luister.

'Ik wil geen kritiek van mensen die niet eens hun eigen land kunnen beheren. De Australiërs moeten ook hun mond houden. Kijk wat zij hebben gedaan, hun Aboriginals uitgemoord. Miljoenen hebben ze er daar over de kling gejaagd. Er zijn er nog een paar duizend en die hebben minder rechten dan de zwarten hier. Toch schreeuwen ze, noemen ons racisten en hetzelfde geldt voor Nieuw-Zeeland. Ze protesteren tegen onze rugbyspelers en in onze Springboks zitten nota bene twee kleurlingen.'

'Kontlikkers, sellouts,' zeg ik kwaad.

Lieb ontploft. 'De Nieuwzeelanders hebben de Maori's uitgemoord. Nu is de blanke daar in de meerderheid. Kunst, om dan aardig voor een handvol zwarten te wezen. Wij hebben thuislanden. Daar is het buitenland ook al tegen. Amerika deed precies hetzelfde. Indianen? In reservaten. Als je daar een Indiaan wilt zien, moet je een paar honderd kilometer rijden.'

'Je weet er veel van, voor iemand die nooit leest.'

'Ons lyk baie agter die klip, maar ik heb een schotel, ik kijk televisie. Wij hebben driehonderd jaar geleden een fout gemaakt. We hebben de zwarten niet afgeslacht omdat onze voorouders christenen waren. We hebben ze werk gegeven, opgeleid. Als je ons met anderen in de wereld vergelijkt, zijn wij het enige land dat zijn inboorlingen niet heeft uitgemoord. Iedereen vergeet graag zijn verleden, de Australiërs, de Nieuwzeelanders, de Amerikanen. Ze willen niet weten wat ze met hun zwarten gedaan hebben. Wij zijn trots op ons verleden, wij hebben onze zwarten nog.'

Ik wil iets zeggen, maar krijg de kans niet.

'Ik heb geen zin me door buitenlanders te laten beledigen. Om ons altijd te moeten rechtvaardigen, want jullie vergeten dat de Afrikaner ook moest lijden.'

Eva kijkt weer eens naar de grond.

'Kijk hoe dit dorp sukkelt. Alle blanken verdwijnen. Vorige week ging er weer een winkel dicht. Onze handen zijn afgekapt. Nu wil de eigenaar dit hotel verkopen omdat ik de pacht niet kan betalen. Maar ik ga vechten voor dit dorp. Wat mijn pa niet lukte zal mij lukken. Voor dit land heb ik geen kennis nodig, maar liefde, en die zit in mijn handen. Ik ga een groentewinkel beginnen. Hierdie plek het 'n toekoms. Er is een begrafenisondernemer bijgekomen, ik ga een caravanpark bouwen en we hebben tegenwoordig elke week een hotelgast. Ons het 'n knou gekry, maar alles sal reg kom.'

Daar drinken we op.

Liebs toekomst ligt in het verleden. Zoals de boeren zich in de jaren dertig van de vorige eeuw verzetten tegen de Britten, en later tegen de politieke rechten voor Afrikanen, kleurlingen en Indiërs, tegen de 'uitlanders', tegen ketters die de evolutieleer verkondigden, zo is hij tegen machtsdeling, want wie de macht deelt verliest hem. Tegen Amerika dat zijn land aan de communisten uitlevert, tegen de Nationale Partij die het land naar de ondergang voert, tegen buitenlanders die hier te snel geld komen maken, tegen Europa – 'Waarom denk je dat wij ons Afrikaners noemen?' – tegen Namibië, tegen alles wat verandering brengt. En zoals zijn voorvaderen de ossen voor de huifkar spanden en de Kaap verlieten, zo trok hij naar de Karoo, zijn witte paradijs. Droogte kan hem niet deren. Gods hand zal hem leiden, net als de joden in Israël zal hij de akkers om zijn dorp groen maken, en het dorp wit.

De Karoo speelt geen enkele rol in de Zuidafrikaanse politiek, niet in de stemmen, niet in de economie. Hooguit als symbool van de Boer, want daar is de Afrikaner nog vrij, houdt hij de tradities nog in ere. Transvaal domineert met zijn goudmijnen en zware industrie, daar woont de macht. De Kaap is kosmopolitisch, een zakencentrum, leverancier van wijn en vruchten, het Californië van Zuid-Afrika. De Karoo is een vergeten plek daartussen. Terblanche en zijn Afrikaner Weerstands Beweging mogen een herstel van de Boerenrepubliek eisen, in de Transvaal of de Vrijstaat, Lieb gelooft in de Karoo, en in zijn dorp dat op sterven na dood is, en in een partijdige God. 'God heeft Jezus in een vijandige wereld gezonden. Ook wij moeten de vijandige wereld in. Ik blijf hier.'

Als we zondagmorgen het hotel verlaten, schrijft hij de rekening in een zwart pak, met een wit overhemd en een witte das. Vandaag is Lieb ouderling.

Hij telt de rekening twee keer na, maar berekent ons veertig rand te weinig. Hoewel ik zijn kas niet wil spekken – misschien een A W B -vlag minder – wijs ik hem toch op zijn vergissing. Op de een of andere manier wil ik dat hij hier blijft. Dat hij dit dorp in leven houdt.

Het Roggeveld

Het meisje laat een foto van haar grootmoeder zien, een vrouw tussen drieëntwintig kinderen, allemaal gebaard in hetzelfde korbeelhuis, een donker hol met twee handgrote ramen. Bomen groeiden hier niet voor de trekboer, hij stapelde rotsscherf op rotsscherf zijn stenen iglo. Het is een mager meisje, haar jukbeenderen en knokkels steken door haar ivoorkleurige huid. Ook haar vader is vel over been. Ze wonen nu naast het korbeelhuis in een golfplaten schuur. Haar vader piept amechtig op een stoel. 'Die kanker het hom nou tog te swaar gekry,' zegt ze, 'ek weet smôrens nie of ek hom saans sien nie.'

'Komt er een dokter?' vraagt Eva.

'Nee, maar hy slik pille.'

Het benige meisje heeft een zoon van een man die langskwam op een paard. Ze zit en lacht maar wat. Ik ben de eerste Hollander die ze in haar leven ziet. Ze kent alleen haar veld en weet bij geruchte van de zee. Hebben we foto's van een zee? Eva laat haar kiekjes zien van vakanties aan het strand van Port Elizabeth. Zo veel water? 'Goddeloos, en jy kan niks daarmee maak nie.'

'Wil je naar zee?'

Ja, wel zien maar niet erin. Van zee krijg je scheurbuik, net als Van Riebeeck.

We zijn de weg kwijt en zo vonden we dit meisje, in een dal langs een maagdelijk pad. Ze leeft van haar schapen en eet van de jacht, ze vangt springbokken te paard. 'Ik rij er een moe tot mijn paard hem doodtrapt.' Ze springt op haar paard en gaat ons voor, het dal uit, tot achter de berg. Ze kromt haar benen als een hoepel, haar vette haar slaat in haar nek, alsof ze een sprookjesboek uitrent. Ze wijst ons het teerpad in de verte en galoppeert zonder groet weg, de bossies in.

We rijden door het Roggeveld, een streek waar de wilde rogge tussen de grassen groeit. De mensen leven hier ver van gezag en wet. Scholen en kerken zien we niet, alleen hier en daar een schamele opstal, omringd door termietenheuvels – Donkerkak doopte een boer zijn plaas. De mannen zijn lang en hebben een dierlijke tred, de vrouwen hebben soms een overbeet en sproeten als poffertjes zo groot.

'Harde schedels hebben ze hier,' zegt Eva. 'Neef trouwde met nicht, ook uit familietrots. Inteelt heeft het goede beter gemaakt, het slechte slechter en het domme nog dommer. Er zijn hier plase waar niemand een hoger IQ heeft dan de leeftijd waarop hij sterft.'

We spreken een vrouw die een week geleden voor het eerst in haar leven in het dorp televisie keek. 'Pragtig' was het, ze had honderden mensen op het scherm gezien, maar, vroeg ze zich bezorgd af, 'waar slaap al die mense vannag?'

Overal is tijd voor koffie en *gesels*. Bij de met bijbelspreuken getatoeëerde man, ('dis tekens van God'), bij de witte vrouw die als zo veel kleurlingen haar voortanden heeft uitgetrokken. Al weken wil ik weten waarom, eindelijk overwin ik mijn gêne. 'Dit suig so lekker,' zegt ze met een onschuldige lach.

Een dokter wordt hier maar gewantrouwd, boererate is het beste medicijn. Bij spit wrijven ze warme pompoen op hun rug of zetten hun schoenen voor het slapen in de vorm van een T, en het helpt nog meer als je je nagels knipt en met kruinhaar onder een boom begraaft. Soms kan Eva zich niet bedwingen en deelt ze aspirientjes uit of zalft een wond.

De mensen praten hier nog met de aarde. Ze wijzen ons de eetbare planten, snijden perdeskoen in plakjes, ''n lekker soet uintjie'. We proeven volstruiskos, de bittere gaab en graven naar kambro. 'Als je dat eet,' zegt Eva, 'ben je een kind van de Karoo.'

Op het Roggeveld zijn verschillen tussen wit en bruin vervaagd. Begin negentiende eeuw pionierden hier de eerste blanken. Ze knechtten de Khoisan, weidden hun winterharde vetstertskaap en ieder leefde zijn karig bestaan.

In Sutherland, zestienhonderd meter hoog, de koudste plek van het land, staat wit naast bruin in de bottelstoor. In de dorpswinkel – schoenen aan de zoldering, pompoenen op de grond – wisselen ze samen de laatste roddels uit en als er een wankele man in de pompoenen valt, leggen de vrouwen hem zusterlijk buiten op de stoep.

'Hy is poepdronk,' zegt de winkelierster, 'skuus tog dat ek vloek.'

Het valt op hoe vredig Zuid-Afrika kan zijn. Niet alleen de taal van wit en bruin is hier opvallend hetzelfde – mooie beeldspraak alsof ze de woorden zomaar uit de bossies plukken – ze leven ook nagenoeg hetzelfde, in hun kleine huisjes met 'aairon' daken en onder de luifels van hun veranda. Ze hebben allemaal dezelfde hoop: regen, een goede vleesprijs, en ze ruiken allemaal naar schaap.

Eva ergert zich aan de armoe, de eenvoud en de domme praatjes, ik geniet juist van de hoepelbenen en de schele blikken. Hier heeft de Dordtse bijbel het van Afrika verloren. Op het Roggeveld is de witman een kaffer.

'Je wilt ons blanken naar beneden halen,' zegt Eva.

'Ons blanken?'

'*De* blanken, de Boeren,' zegt Eva bits. 'Hoe belachelijker en achterlijker, hoe beter het je uitkomt.'

We zitten al drieduizend kilometer opgesloten in een auto en de ergernis groeit met de dag. 'In elk geval, hier is ons één,' zegt Eva, en ze duldt geen tegenspraak. Maar ik denk: het is de harmonie tussen meester en knecht, want in onze gesprekken met wit en bruin keurt de een de ander telkens af. De baas is de vader die het beste voorheeft met zijn onwillig kind, de knecht speelt de vermoorde onschuld. Eén familie wordt het nooit.

Telkens ben ik spelbreker. In het Louwhuis, een klein museum waar Sutherland zijn grote zonen eert met een kamer voor de dichters N.P. van Wyk Louw en zijn broer W.E.G. Louw, wijs ik pesterig naar de knopneuzen op de vergeelde portretten. Dikke lippen en bruin dat bleek moest blijven onder een kappie.

Even sta ik weer op Sondraai, in de tuin van W.E.G. aan de rand van Stellenbosch. Hij hoopte zo dat ik een toegewijde leerling worden zou. Hij hielp me met mijn studie Afrikaans, nam me mee op reis en toonde me de Kaap. Aanvankelijk duldde hij mijn kritiek, maar toen die na weken alleen maar toenam, werden we kwaaie vrinden.

Ik herinner me een wandeling over zijn landerijen. We keken naar zijn wijngaard met uitzicht op de Tafelberg, blauw en dijzig in de verte. 'Dis alles myne,' dichtte hij ooit, het was het landschap van zijn hart. We stonden stil bij de bloeiende amandelbomen die hij de dag daarvoor in een gedicht beschreven had: 'Wit, onwesenlik, 'n sneeu, 'n spoor van onaardse lig...' Hij citeerde en ik vond het mooi. Mijn liefde voor zijn taal verbaasde hem keer op keer.

'Omdat het een taal is met een zwarte geschiedenis,' zei ik 'ik zoek het exotische.'

W.E.G. schudde afkeurend zijn hoofd. 'Afrika is ons juist vreemd. Wij hebben er een natuurlijke afkeer van.'

Op dat moment liep er een mooi bruin meisje met een mand vol geraniums voorbij.

'Ik gruwel bij de gedachte dat ik met een gekleurde vrouw zou moeten slapen,' zei hij. 'Fysiek staan ze me tegen.' Ik keek naar haar lange benen. 'Maar dat is in ons geslacht niet altijd zo geweest. Als de Boeren zich destijds niet hadden vermengd zouden ze aan huidkanker ten onder zijn gegaan.' Hij wees verlegen op een korstje aan zijn slaap. 'Goedaardig, maar ik moet het wel elk jaar laten pellen.'

Hij was, als zoveel Afrikaners, een bastaard op zoek naar zuiverheid.

Als wij 's morgens vroeg Sutherland verlaten schittert de kou nog op de peperbomen. We buigen naar het noorden en dalen tot de middag voelt naar warme was. De Karoo is zwart en dreigend. Weer valt de regen.

De dassies schieten in hun holen, meerkatten rennen het veld in. Oom Gert in Sutherland voorspelde hier en daar een spat, maar het water stroomt ons van de heuvels tegemoet. (Als de boeren hun schapen moeten scheren leest hij het weer in de lucht. 'Hoe doe je dat, oom Gert?' vroeg Eva hem. 'Ag, ek luister ook maar radio.') De grond kan het water niet meer verwerken.

We nemen een zijpad naar Calvinia en rijden stapvoets door een woest gebied. Bavianen vluchten naar de doringstruiken. Ze roetsjen van de stenen die door het stromende water bloot komen te liggen. Een mannetje kijkt kwaad naar de lucht.

Eva is met bavianen grootgebracht en ze verzacht de stemming met bobbejaan-stories. Een oom uit Pearston vertelde graag over Pieter Slaght, een ruwe kerel die zich stoorde aan god noch gebod. Hij ving bavianen in een kooi achter zijn plaas. 'Vat jou roer en skiet die bobbejane,' had Ou Slaght zijn jongste zoon bevolen. De jongen sprong op zijn paard en reed naar de kooi. De oude man wachtte buiten op de stoep en hoorde maar één schot. Met hangend hoofd keerde de zoon terug.

'Was er maar één?' vroeg de vader.

'Nee,' zei de zoon, 'er waren er twee, maar ik kreeg het niet over mijn hart de ander te doden.'

'Jou blikskottel, jou papbroek,' zei Ou Slaght en hij stuurde zijn oudste zoon naar de kooi. Ook die kon de baviaan niet doodschieten.

Toen greep de oude man zijn geweer, sprong op zijn paard en reed zelf naar de kooi. Daar zag hij wat zijn zonen zagen: een jong vrouwtje met een opengeschoten borst, badend in het bloed, daarnaast een jong mannetje dat zijn vrouwtje streelde, huilend van verdriet. De oude man stapte de kooi in, nam het vrouwtje op en wiegde haar in zijn armen. Ou Slaght schoot niet, hij knielde en troostte het mannetje. Zijn kleren waren doordrenkt met bloed.

Thuis wachtte de hele familie op de stoep. 'Zolang ik leef zal ik geen baviaan meer doden,' zei Ou Slaght, en hij trok zich terug op zijn kamer. Voor het eerst van zijn leven bad hij tot God en vroeg Hem vergiffenis. ''n Bobbejaan het Ou Slaght tot God gebring.'

God, die verschrikkelijke God – als ik hier nog lang blijf ga ik ook door de knieën. Je moet wel van klip zijn als je in dit landschap niet gelovig wordt. Ik vraag maar niet wat er gebeurd zou zijn als die aap zwart was geweest.

Autorijden wordt gevaarlijk. We moeten schuilen. Na acht uur rijden zitten we om het haardvuur van nicht Stienie. Vijf dagen later zitten we er nog.

Water is een toverwoord, een soebatwoord, maar na een week regen is het een vloekwoord. 'De natste Karoo in honderd negenenveertig jaar,' zegt het nieuwsbericht. Schapen verdrinken in de kuilen van het veld, stofpaden spoelen weg, bruggen staan nutteloos in waterplassen. Stienies nieuwe man, dokter Kobus Marais, zit in zijn natte onderbroek hijgend op een keukenstoel. Hij heeft twee koeien uit de rivier achter zijn huis gered. Alleen in het voorjaar sijpelt daar wat water, nu is het een kolkende okergele stroom. We wachten en kijken naar buiten. Geen kind speelt meer in de plassen, alleen een bleke jongeman loopt tierend door de regen. Hij draagt een ANC-ijsmuts, en een statig lange regenjas. Hij balt zijn vuist als hij ons raam passeert. 'Een kind van de revolutie,' zegt Kobus, 'maar sy kop is 'n bietjie deurmekaar.' Hij schenkt ons champagne met moutbier, zijn lievelingsdrank, en sluit de gordijnen.

Stienie staat in de keuken, ze bakt brood, maakt kaarsen van bokvet, vult de parafinelampen. Ze opent de vrieskist, damp parelt in haar zwarte haar: springbok, kip, rundvlees, schelpen uit de Kaap, of schaapsbout? Nee, geen schaap meer... springbok, geschoten door een dankbare patiënt. Een bediende poetst de eeuwoude perskepitvloer, een mozaïek van perzikpitten in roodbruine aarde en mest, gehard met ossebloed en de glans van generaties boenwas.

Kobus houdt van het verleden. Hij noemt zich een gelukkig man. Na een rijke praktijk in Johannesburg verliet hij zijn vrouw en de ratrace, hij zwierf door de Karoo, ontmoette Stienie Landman en werkt sinds een jaar in het noordwesten. 'Ik had mijn wortels verloochend, ik ben ook boer.'

Koeien, schapen, struisvogels en zelfs stekelvarkens hokken om hun huis. Met een vennoot waakt hij over een gebied van zevenentwintigduizend vierkante kilometer, 'groter dan de Vrijstaat'... bijna heel Nederland.

Kobus weet niet hoeveel patiënten hij heeft, de telefooncentrale is de levenslijn. Wie hulp behoeft kan die krijgen. Soms zit hij twee dagen in de auto om een gebroken been te zetten, op keukentafels en in het open veld doet hij keizersneden, opereert steekwonden in het hart en ingegroeide teennagels. Eén jaar Karoo leerde hem meer dan vijftien jaar Johannesburg. Hij adoreert de eenvoud en de levensstijl van deze streken. 'Vroeger logeerde ik alleen in vijfsterrenhotels, ook omdat ons zwarte kindermeisje nergens anders binnen mocht. Hier slapen we bij de mensen thuis of achter een bossieskerm.'

Kobus is een liberaal. In de vensterbank staat hij op een foto met twee zwarte vrienden. In Johannesburg was hij actief in de politiek. Zijn tennisclub had zich aangesloten bij het United Democratic Front, zusterorganisatie van het ANC, en hij had ook weleens een vuist op een zwarte begrafenis gemaakt. Tot die dag in Soweto, toen hij een weduwe van een vermoorde vakbondsleider ging bezoeken.

'Vlak voor haar huis werden we ingesloten. Ik zat aan het stuur, naast en achter mij twee zwarte vrienden. Aan hun kant stonden ze te juichen, het was comrade voor en na, aan mijn kant stond een groepje agressieve jongens die "whites go home" en allerlei racistische dingen riepen. Ze trapten tegen mijn auto, sloegen op het dak. Ze dreigden mij eruit te sleuren en wilden hem "nationaliseren". Ik stak mijn arm uit het raampje en riep: "ANC viva!" maar ze rukten het horloge van mijn pols. Als ik niet met zwarte vrienden was geweest, weet ik niet wat er gebeurd zou zijn. Uiteindelijk lukte het de goede kant om de weg vrij te maken. Ik heb er eigenlijk nooit met hen over durven praten, omdat ik bang was dat ze het als kritiek op de organisatie zouden opvatten, dat ik niet solidair was. Er bestaat al zo veel wantrouwen tegenover de blanken.

In Johannesburg leefde ik voortdurend op het scherp van de snede, tussen de verzoenende idealen van het ANC en de blinde haat tegen alles wat wit is. Als er in de keuken een bord brak, dacht ik dat ons huis werd aangevallen, zo nerveus was ik. Mijn vorige vrouw zag alleen het goede in het ANC, maar bij mij groeiden de twijfels. Vroeger, toen er geen hoop op verandering was, stond ik achter "one man one vote", nu weet ik niet of we nog wel op de goede weg zijn. Kijk hoe ze elkaar afslachten. De macht van de radicalen groeit met de dag. Ik wil niet de ene onvrijheid voor de andere inruilen.'

Het geschreeuw buiten wordt luider. De gek raast nog steeds. Eva loopt naar het raam en kijkt door een kier van het gordijn.

'De zwarten praten alleen over vrijheid en verzet,' zegt Kobus, 'niet over democratie.'

'En nu, Kobus?' vraagt Eva afwezig.

'Ik heb geen tweede paspoort onder in de la.' Hij lacht bitter. 'Hier heb ik een taak, ik maak kinderen gezond, ik help mee scholen stichten, wat ik doe heeft effect. In Johannesburg was mijn protest te futiel.'

'Mag hij binnen?' vraagt Eva.

Stienie schiet een jas aan en gaat naar buiten. 'Fat white, fat white,' schreeuwt de man. 'Stienie temt hem met droge worst,' zegt Kobus, 'die fat white ben ik.'

Het dorp weet nog maar weinig van de man. Alleen dat hij Derek heet, en twee maanden geleden op de verlaten plaas van zijn grootvader kwam wonen. Hij komt uit Zimbabwe en boert met een Indiër en een Zoeloe. Ze houden Romanovs, koffiekleurige schapen die geen boer hier kent. Maar ook een Indiër hadden de meesten nog nooit in levenden lijve gezien. Het dorp was weken opgewonden, het gerucht gaat dat ze allemaal in één huis slapen, de zwarte, de Indiër, de witman en de Romanovs. Bruine schapen... goedkope symboliek, vindt Kobus.

Hij maakt zich zorgen over Derek. Dat geschreeuw de laatste dagen, ook tegen de kerkgangers: 'Hou julle fokken bekke. Julle witvelle se dae is getel,' heeft hij verleden zondag geroepen. 'Volgens de politie zat hij vier jaar in Pretoria,' zegt Kobus, 'maximum security, ANC of zoiets. Hij is van een oude familie.'

Stienie staat druipend op de mat en brengt de regen in de kamer. 'Kom,' zegt ze, en ze duwt de drijfnatte Derek voor zich uit, zijn mond hangt open, maar hij is stil. Zijn blonde rastaharen slierten onder zijn muts uit. Hij loopt als een oude man.

Kobus trekt een broek aan, zet de champagne weg en pakt een nieuwe fles bier. Rillend schuift Derek naast ons om het vuur, hij veegt de druppels van zijn gedeukte neus. Hij schrokt de worst op en drinkt bier voor twee magen.

'Hoe gaan dit met die Romanovs?' vraagt Kobus.

'Sleg, baie sleg.' Brandsiek, zijn schapen verrekken van de bosluis.

Kobus loopt naar zijn apotheek, mens of dier, hij heeft voor alles een pil of drankje.

'Wat maak julle op die plaas?' vraagt Eva.

'Vrede,' zegt Derek triomfantelijk.

'Er was vrede,' zegt Kobus met zijn hoofd in de pillenkast. 'Nu vervloek je de gelovigen.'

'Schoften,' zegt Derek, 'schoften die met AWB-speldjes lopen.' Hij neemt zijn ANC-muts af en houdt hem voor het vuur, een natte vlag boven de perskepitvloer. Kwaad pakt de bediende de muts af, als een kadaver gooit ze hem op de mat voor de deur. Derek lacht haar uit.

'Ben je een ANC-er?' vraagt Kobus.

'Ja,' zegt Derek uitdagend, 'en communist.'

'Dat is een hele sprong voor een Afrikaner zoon,' zegt Kobus.

Derek kijkt ons wantrouwend aan. Zijn grijze ogen staan helder, in de war mag hij zijn, niet gek. 'Op school noemden ze me al een communist omdat mijn vader ons leerde "meneer" tegen een zwarte te zeggen.' Zijn gezicht is van pijn vertrokken. Hij vloekt. Als hij een voet verzet moet hij eerst zijn dij optillen. Elke beweging is vertraagd, maar hij praat snel, als een gedrevene... Hoe hij op de middelbare school de uitverkiezing tot schooloudste afwees omdat hij weigerde een eed te zweren waarin zwarten 'volksvreemde elemente' werden genoemd en hoe hij in dienst zijn bajonet in zandzakken moest steken die de namen van zwarte leiders droegen. Hij prikte niet in Mandela, Tambo of Nujoma, ze sloten hem op en weer was hij ''n Afrikaner seun gone wrong'.

In Londen las hij voor het eerst Mandela en het Vrijheidsmanifest. 'Heb jij dat gelezen?' schreeuwt hij naar Kobus, 'en jij en jij en jij?' vraagt hij Stienie, Eva en mij. Alle vier schudden we beschaamd nee.

'Het was verboden,' zegt Kobus.

Derek steekt zijn vinger op: 'Die mense sal regeer, sal deel in die land se rykdom, sal voor die reg gelyk wees, en vir hierdie vrijhede sal ons veg, sy aan sy, ons lewe lank, totdat ons vryheid verower het...' Zijn stem slaat over, hij slikt een brok in zijn keel weg. 'Dit is verdomd goed.'

Terug in Zuid-Afrika raakte hij bij acties betrokken, dieper en dieper, tot het daadwerkelijke verzet.

'En toen gooide je met bommen,' zegt Kobus na een laatste slok van zijn champagne.

'Ik gooi niet met bommen, *zij* gooien met bommen,' zegt Derek fel. Hij rukt zijn overhemd open en laat zijn borst en schouders zien. Wild vlees, het bot van zijn schouderbladen schijnt er wit-roze door, weggeschroeide tepels, een maag van opgelapte stukken vel. Stienie slaat haar hand voor haar ogen.

'Een dirty bomb,' zegt Derek, 'granaatscherven van een halve centimeter. Veertig hebben ze er uitgehaald en er zitten er nog vijftien in. Als er een wolk met regen overdrijft steken die krengen al.' Kobus loopt zenuwachtig naar zijn apotheek.

'Ik kom naar de droogste plek op aarde en nu regent het,' zegt Derek. Hij rilt over zijn hele lijf en vloekt met hoge stem. Na een pil en een dubbele whisky komt zijn lichaam tot rust.

Het was een wraakactie van het leger. Hij had hun contacten met rechtse terroristen in de openbaarheid gebracht. Zijn informant werd verraden en Derek kreeg vier jaar. Na zijn gevangenisstraf vertrok hij naar Harare, ook daar liet Zuid-Afrika hem niet met rust, hij bleef ANC-werk doen tot op de dag dat hij zijn auto voor een winkel parkeerde. Hij stond in het epicentrum van de ontploffing. Een op de twee miljoen blijven na zoiets leven, zei de dokter in Harare. De chirurgen konden hun ogen niet geloven. De wonden, de blaren, zijn ingeklapte long en de shock, vooral de shock. De klap in zijn kop was het ergste.

Stienie legt een schoon, droog overhemd over Dereks schouder.

'Waarom kwam je terug?' vraagt Kobus.

'Om de droogte, nooit meer regen, nooit meer pijn,' lacht Derek. 'En ik ben legaal, man, het ANC is legaal. Ik heb mijn paspoort terug. Ik ben een erkend communist.'

'Weet je wat het verschil is tussen Oost-Duitsland en Zuid-Afrika?' vraagt Kobus. 'Zuid-Afrika heeft een communistische partij.'

'Ik heb tenminste gekozen,' zegt Derek. 'Heb jij gekozen en jij en jij?', en wijst naar Eva.

'Jij kiest tegen de Afrikaner,' zegt Eva. Ze zegt het zacht en achteloos.

'Godverdomme,' schreeuwt Derek en hij krijst het uit: 'Ik wil een boer zijn in een land dat aan iedereen toebehoort. Is dat een zonde? Als jullie niet delen zullen we erom vechten.' Eva kijkt lijkbleek naar de grond. Het vuur brandt laag.

'Is het tuinhek dicht?' vraagt Kobus aan zijn vrouw. Ze kijken bang naar buiten... En is de brandkast dicht en hoor ik daar de waakhond aan zijn ketting, want ze zullen in zwermen komen, de rooien, de bruinen en de zwarten.

Duizend vrezen kloppen aan de deur en Eva zeurt over het behoud van de Afrikaner. Ze probeert niet meer in kleur te denken, maar in het nauw gedreven is haar wereld wit, lijkwit.

'Ik kies voor mijn patiënten,' zegt ze na een lange stilte.

'Je land is nog zieker,' zegt Derek. Hij staat op, pakt zijn muts van de deurmat en stapt de regen in. Stienie rent hem na met zijn jas.

Eva excuseert zich dat ze Derek binnenvroeg. Ze zet het op een drinken. 'Hoe ziek is jouw Karoo, Kobus?' vraagt ze loom.

'Er worden hier meer kalmeerpillen geslikt dan in Jo'burg Central, vooral door vrouwen.'

'Wat maakt ons zo zenuwachtig?'

'Eenzaamheid, verlatenheid, een man die dagen op het veld is, je naaste buurvrouw veertig kilometer verderop en een kerk die alle vreugde verbiedt.'

'Ik weet 't, ik weet 't,' zucht Eva.

Maar Kobus leeft op van ziektes: 'Vooral de armoe drukt op de gezinnen. De droogte vreet aan de schapen. Gezinszelfmoord is onder boeren een veel voorkomend verschijnsel. In deze streek heeft iedereen een verlossend geweer.'

'Jij hebt er veertien in de kast,' zegt Eva.

'Ik ben een jager.'

'En de bruinman, hoe gezond is hij?'

'De bijbel zegt: "Jij mag nie 'n struikelblok vir jou broer wees nie", maar we vergiftigen ze met goedkope drank. Elk weekeinde moord en verkrachting.

Vaak zijn de vrouwen te dronken om zich te verzetten, driekwart van de kinderen is buitenechtelijk. De hersenschade onder zuigelingen is schrikbarend. Op elk wit kind worden hier vierentwintig bruine kinderen geboren. Wie bouwt de scholen? Ik weet niet hoe dit in een nieuw Zuid-Afrika moet gaan. Geen economie kan dit dragen. Zij die hogerop willen, komen hogerop. Maar het probleem is dat we veel mensen laten klimmen die dat nog niet willen of kunnen. De goed opgeleiden zullen als eersten uit de lokasies vertrekken. Daarmee verdwijnt ook het voorbeeld uit hun gemeenschap. Het kaf blijft achter.'

Eva is in slaap gevallen. Stienie propt een nieuwe pit in de olielamp. Derek galmt weer in de regen. We zijn allemaal somber. Alles lijkt zo uitzichtloos vandaag. De toekomst van dit land, de oorlog tussen zwart en zwart, wit en wit, de pijn van Derek, het bittere zwijgen van de bediende op de perskepitvloer, de regen, de vriendschap tussen mij en Eva.

De zon breekt door. De bossies dampen voor de ramen. De geuren zijn terug, maar sterker. Citronella, kruidnagel, peper en mest. De kinderen spelen weer buiten. De lucht zit vol Cubanen en achter de koppies schuilen terroristen. 'Dis hun spel,' zegt Stienie moederlijk. Ze geeft ons gedroogde perziken, droge worst en de laatste watermeloen van het jaar.

Naar de kust, over de rouwrandwegen van de witte dorpen. De regen heeft het veld een groen waas gegeven. De schaapherder draagt een bloem in zijn hoed. *Die Noordwester* heeft die week als kop: VERHEUGDE BOERE GLIMLAG BREED. Binnenin lees ik dat neef Liebs hotel te koop wordt aangeboden. Tien kamers, drie kroegen – dames, privaat en publiek – en een bottelstoor voor honderdtien duizend rand, inclusief de enige winkel met voorraad. Daarnaast een grote advertentie van de Konservatiewe Party: STEL U EN U VOLK EERSTE.

We dalen af naar de Knersvlakte, waar ooit ossewagens door de droogte knarsten. Beneden ons wacht de Kaap. Korengeel, geploegd steenrood, roestige wijngaarden. Huisjes als schelpen op het strand. De dorpen Misverstand en Welgevonden. En waar de wind op het gras zit maakt hij de halmen wit.

Nu voel ik mijn tranen komen. O, leeg en prachtig land, zo moeilijk te delen.

'So opgedonner, verskeur en vertrap soos hy is,' zegt Eva, 'so onbegryplik is sy bekoring.' Stil en bedroefd rijden we naar huis. Als de Tafelberg in zicht is zegt ze: 'Nu heb je het hart van mijn land gezien.'

Het is Sophies dag vandaag. Ze graait in onze vuile was en ze lacht en ze lacht en ze lacht.